ハーブ&
スパイス
メソッド

イタリア料理編

國光博敏

監修：エスビー食品株式会社

マイナビ

Contents

03 はじめに

04 失敗なし！ 國光博敏のハーブ＆スパイス メソッド

07 この本の見方 メソッドの利用方法

08 イタリア料理に使う ハーブ＆スパイス

Part 1
ソース、パスタ、
ピッツァ、リゾットのレシピ

20 トマトソース

22 ジェノベーゼソース

23 アイオリソース

24 ベシャメルソース

25 イカスミソース

26 バルサミコドレッシング

27 パスタの上手なゆで方

28 ボロネーゼ

30 カルボナーラ

32 ヴォンゴレ・ビアンコ

34 ペペロンチーノ

36 ジェノベーゼスパゲティ

38 プッタネスカ

40 アラビアータ

42 イカスミスパゲティ

44 ペスカトーレ

46 アマトリチャーナ

48 基本のピッツァ生地の作り方

50 マルゲリータ

52 ロマーナ

54 クアトロ・フォルマッジ

56 ビスマルク

58 ボスカイオーラ

60 基本のリゾットベースの作り方

62 トマトリゾット

64 チーズリゾット

66 きのこのリゾット

68 カルボナーラリゾット

70 ハーブ＆スパイスの扱い方

Part 2
野菜、魚、肉料理、デザートのレシピ

72 トマトとバジルのブルスケッタ

74 ブロッコリーのフリッタータ

76 ルッコラのサラダ

78 イタリアンサラダ

80 トマトのファルチア

82 タコときゅうりのイタリアンサラダ

84 プロシュートのロールサラダ

86 ミネストローネ

88 リポリータ

90 ズッパディレグーミ

92 鯛のアクアパッツァ

94 シチリア風カジキマグロのグリル

96 さわらの香草焼き

98 ズッパディペッシュ

100 ミラノ風コトレッタ

102 ポークソテープッタネスカ

104 ローズマリー風味のポルペッティー

106 牛肉のスペッツァティーノ

108 パンナコッタ

110 ティラミス

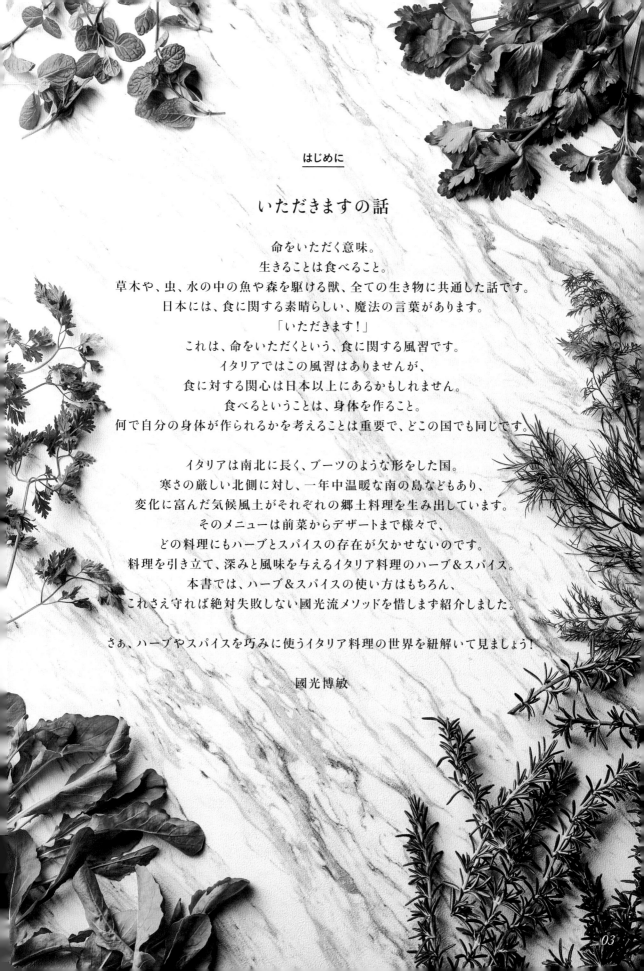

いただきますの話

命をいただく意味。
生きることは食べること。
草木や、虫、水の中の魚や森を駆ける獣、全ての生き物に共通した話です。
日本には、食に関する素晴らしい、魔法の言葉があります。
「いただきます！」
これは、命をいただくという、食に関する風習です。
イタリアではこの風習はありませんが、
食に対する関心は日本以上にあるかもしれません。
食べるということは、身体を作ること。
何で自分の身体が作られるかを考えることは重要で、どこの国でも同じです。

イタリアは南北に長く、ブーツのような形をした国。
寒さの厳しい北側に対し、一年中温暖な南の島などもあり、
変化に富んだ気候風土がそれぞれの郷土料理を生み出しています。
そのメニューは前菜からデザートまで様々で、
どの料理にもハーブとスパイスの存在が欠かせないのです。
料理を引き立て、深みと風味を与えるイタリア料理のハーブ＆スパイス。
本書では、ハーブ＆スパイスの使い方はもちろん、
これさえ守れば絶対失敗しない國光流メソッドを惜しまず紹介しました。

さぁ、ハーブやスパイスを巧みに使うイタリア料理の世界を紐解いて見ましょう！

國光博敏

失敗なし! 國光博敏の
ハーブ&スパイス メソッド

料理をおいしくしたい、その思いでハーブやスパイスを大量投入して失敗した経験はありませんか？
ハーブは食べられるものだと知らず、飾りのみに使用して捨ててしまったことありませんか？
この本では私流のハーブ&スパイスの使い方のコツ5つを全レシピに適用しています。
このメソッドさえ守れば、どんな料理もプロ並みの一皿に。ぜひ活用してください。

1

香りを楽しむならフレッシュハーブ、
味にポイントを付けるならドライハーブ。

ハーブやスパイスには、多くの効果があります。

香り付け効果	臭み消し効果
味付け効果	殺菌・抗菌・防腐効果
色付け効果	味の引き締め効果

フレッシュハーブとドライハーブの大きな違い、それはハーブによりますが、ドライでは独特の香りが消えてしまうものがあることです。フレッシュハーブはどれも爽やかな香りがありますが、ドライにはありません。逆に辛みや苦み、甘みはドライでしか引き出せないハーブもあります。私の中での、「フレッシュorドライ」は、この爽やかな香りが必要かどうかにかかっています。煮込み料理などに使う場合は、フレッシュではなくドライを利用することも多くあります。また、フレッシュハーブは緑の色で料理を鮮やかにおいしく見せるので、飾りには必須です。

フレッシュハーブが活きる料理

ドライハーブが活きる料理

2

ひとつの料理にハーブ＆スパイスは
最大3種類まで！
そうすれば効率よく良さが出る。

ハーブやスパイスを組み合わせることで、香りの幅はぐんと広がります。単独のハーブやスパイスでは引き出すことの出来ない香りの奥深さが味わえます。インド料理のように、複数のハーブとスパイスを調合して作る料理に比べて、私の料理は素材の旨みを極限まで引き出すようにするため、ハーブ＆スパイスは2〜3種類に留めています。メインになるハーブやスパイスに、「コクを加える」、「刺激を加える」、「マイルド感を出す」、「爽やかさを出す」、「味を引き締める」、そして「色を添える」などを統合して考え、プラスするハーブやスパイスを決定します。

3

塩1に対してハーブ＆スパイスは
0.3〜0.5がベスト！ハーブ＆スパイスと
塩の組み合わせで食材が引き立つ。

料理の塩の量は、素材に対して0.8〜1％が最適といわれますが、ハーブやスパイスを使う場合には少し違いがあります。食材との組み合わせでも変化しますが、食材の持ち味を最大限に味わうためには塩の大量の投入はお勧めしません。私の黄金比は塩1に対してハーブ＆スパイスは0.3〜0.5。まずは塩1の量を少なめに入れ、ハーブ＆スパイスは加減しながら入れていき、ていねいに味を整えます。

4

白コショウは辛み付け、黒コショウは風味付け。コショウを使い分ければ味にメリハリが付く。

一番馴染みのあるスパイス、コショウは、黒と白が代表的です。黒は、未熟な果実を乾燥させた物、白は熟した果実を水に浸し、皮を剥いた物。白と黒の使い分け方は、次の2つで決めています。

❶料理の見た目、「色を付けるか?」

❷「辛みを優先するか?」もしくは、「風味を優先するか?」

料理の味付けに使うのなら、ピリッと刺激のある白コショウ。仕上げに香りを付け、見た目を美しくするなら黒コショウを使用します。料理に辛みを付けることで味を引き締め、風味でアクセントを加えることで味の幅を広げます。

5

ハーブとスパイスの組み合わせが味を引き締める。

スパイスの組み合わせでは、塩味で味わう料理の場合、コショウの辛みをプラスすることで、塩味がまろやかに感じられます。また、砂糖にシナモンを混ぜると、砂糖の甘みが強調され、少量でも満足します。フレッシュハーブとスパイスは、香り付けのほかに、「臭み消し」、「味の引き締め作用」があります。ハーブとスパイスの使い方さえマスターすれば、料理上手になること間違いなしです。ただし、使い過ぎには注意して。少量を上手に使うことが鉄則。いつもの料理が一気にプロの味に変身します。

この本の見方
メソッドの利用方法

本書では、P04〜06で紹介したメソッドを全レシピに応用しています。

1 料理のイメージ写真
料理の盛り付けのイメージ写真です。

2 シェフのメソッド
この料理の決め手になる一番のハーブ＆スパイスをピックアップしています。

3 料理名
一般的に呼ばれている日本語読みの料理名です。

4 料理の説明
この料理についての簡単な説明が書いてあります。

1

2 イタリアンパセリ chef's method

3 ボロネーゼ

日本でも人気のパスタ。
野菜と共に肉を食べることができる、ボリュームメニューです。 **4**

材料2人前 5
玉ねぎ……1/5個
にんじん……15g
セロリ……15g
ニンニク……1/2かけ
イタリアンパセリ①（フレッシュ）……1枝
オリーブオイル……40ml
牛ひき肉……200g
赤ワイン……150ml
トマト缶（カット）……1/5缶
ローレル（ドライ）……1枚
パスタ……160g
無塩バター……5g
粉チーズ……大さじ1
イタリアンパセリ②（フレッシュ）……1枝

作り方 6
1 玉ねぎ、にんじん、セロリ、ニンニク、イタリアンパセリ①をみじん切りにする。
2 オリーブオイルと1の野菜を入れた鍋を弱火にかけ、20分ほど炒めてペースト状にする。
3 フライパンに油を入れて、牛ひき肉を入れて強火にかけ、カリカリになるまで炒める。
4 2の鍋に3の牛ひき肉を入れ、強火にして混ぜながら炒める。
5 全体の水分が飛んだら赤ワインを入れて煮詰め、ワインの水分が1/2ほどになったらトマト缶を手で潰しながら加え、ローレルを入れる。**B**
6 弱火で1時間ほど煮込む。（出来上がったソースは一晩寝かせると旨みが増す）③
7 パスタを好みの硬さにゆでる。イタリアンパセリ②をみじん切りにする。
8 フライパンにバターを入れて中火にかけ、パスタを加えてサッと炒める。6のボロネーゼソースを加えてパスタと絡め、皿に盛る。粉チーズとイタリアンパセリ②をふる。

7

Herb & Spice method **A**
ボロネーゼは牛肉の味をメインに押し出すため、野菜は少量。苦みと風味付けのイタリアンパセリも野菜同様に振る。

Herb & Spice method **B**
ローレルは、ちぎるか折ることで香りを引き出し食材の臭みを取る。今回は野菜をベースト状にするため、炒めるときではなく、煮込み始めに加える。

Point ①
余分な油を使用せず、肉本来の脂で味を引き出す。また、肉の食感を出すため、細かくバラバラにならないように炒める。

Point ②
弱火でじっくり煮込むことで、野菜の旨みが牛肉になじみ込み、さらに肉の旨みをしっかり感じられるようになる。

8

28

29

5 材料
表記の人数分の分量です。

6 作り方
料理の作り方を順に紹介しています。

7 ハーブ＆スパイスメソッド
この料理のハーブ＆スパイスを使用するルールやポイントなどを詳しく解説しています。

8 ポイント
この料理をおいしく、失敗なしに作るための注意点。料理のポイントです。

※國光博敏のハーブ＆スパイス メソッド1〜5は、基本的に全てのレシピに応用されています。
　メソッドを守り、色々な料理にチャレンジしましょう。

注意
■ 材料に記した分量は大さじ1＝15ml（cc）、小さじ1＝5ml（cc）です。トマト缶は1缶400g入りを使用しています。
　生クリーム、牛乳は低脂肪でないものを使用しています。卵はMサイズを使用しています。
■ 粉チーズと記載しているものは、パルミジャーノチーズやグラナ・パダーノチーズ、パルメザンチーズのいずれかを削って使用しています。お好みのチーズを使用してください。
■ 調理時間、温度、火加減は目安です。
■ コショウはミルでお好みの粒度に挽いて使ってください。

イタリア料理に使う
ハーブ＆スパイス

ピッツァやパスタ、グリル料理など、本格的な味を出すためには欠かせないハーブ＆スパイス。
プラスするだけでアクセントになり、料理のバリエーションが豊富になります。
ここでは、おうちで作るイタリア料理を格段においしくする、ハーブ＆スパイスを紹介します。

スイートバジル
sweet basil

（フレッシュ＆ドライ）
甘く爽やかな深みのある香りが特徴のバジル。サ
ラダ、ピッツァ、パスタとイタリア料理には欠かせず、
ペースト状にしたジェノベーゼソースが有名。

イタリアン パセリ

italian parsley

（フレッシュ＆ドライ）
青臭い香りが強く、ほろ苦い風味が
あり、少量でも存在感があるので料
理のアクセントにすることが多い。フ
レッシュはサラダに、ドライは魚や肉
の香草焼きには欠かせない存在。そ
のほか、ペーストやソース、マリネ、料
理の飾りにも使われることが多い。

ローズマリー

rosemary

（フレッシュ＆ドライ）
スッとした強い香りが特徴。一般的には羊肉、豚
肉、イワシなどクセの強い素材の臭み消しによく使
われるが、イタリア料理では鶏肉やジャガイモなど
の淡白な素材の香り付けとしても活躍。フレッシュ
は葉をオイルやビネガーに漬けて香りを移し、ドレッ
シングや炒め物に利用することも。抗酸化作用が
あるので若返りのハーブとしても有名。

ローレル
laurel

（フレッシュ＆ドライ）
上品な清々しい香りが特徴。ドライ
を利用するのが一般的で、おもに煮
込み料理に使用するが、苦みもある
ので料理ができたら取り除くことが多
い。そのほか、肉や魚のロースト、ピ
クルス、マリネなどの香り付けや臭み
消しにも重宝。使用するときは葉をち
ぎったり、軽くもむとより香りが出る。

オレガノ
oregano

（フレッシュ＆ドライ）
清涼感のある芳香と、ほのかな刺激味。ト
マト料理やピッツァソース、トマトベースの
パスタなど、イタリア料理には欠かせない
ハーブ。フレッシュよりドライのほうが香り
も強いので、肉や魚の臭み消しに使用。ま
た、ソース類の香り付けにも使うことが多
い。フレッシュは煮込み料理のほか、スパ
イシーでさっぱりした味を活かした食後の
ハーブティーとして使用することも。

セージ

sage

（フレッシュ&ドライ）
ヨモギに似た爽やかな強い芳香と、ほろ苦さを持つ。ドライはソーセージや肉の詰め物など、脂っこい料理によく使われる。乳製品とも相性が良く、フレッシュはバターソースやクリームソースを作るときに使用すると、豊かな風味を付けてくれる。

タイム

thyme

（フレッシュ&ドライ）
清々しい香りとほろ苦さを持つハーブ。魚、肉、トマトと相性が良く、フレッシュは煮込み料理やスープなどに多く使われる。また、香りが長続きするため、オイルやビネガーに漬け込むことも多い。ドライは魚や肉の香草焼きやムニエルなどに使用。タイムには殺菌・防腐作用を持つ「チモール」という成分が含まれるので、風邪のときは濃いめに煮出したものでうがいをすると良い。

ルッコラ

rocket

（フレッシュ）
ゴマに似た香りを持つ。サラダで食べることが
多い。生ハムやチーズと相性が良く、ピッツァ
のトッピングやパスタに混ぜたり、肉や魚料理
の付け合わせにも幅広く利用。野菜として使
用されることが多いハーブ。

チャービル

chervil

（フレッシュ）
イタリアンパセリに似た香りがするハーブで、
飾りに使われることが多い。「美食家のパセリ」
という別名を持ち、繊細でやわらかくマイルド。
ほんのり甘い香りがサラダなどに合う。

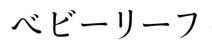

ベビーリーフ

baby leaf

（フレッシュ）
イタリアでは「ミスティカンツァ（混ぜ合わせ）」
と呼ばれるもので、発芽後30日ほどで収穫した
野菜やハーブの葉を指す。おもにサラダの彩
りや、料理の付け合わせに使用されるが、数種
類のハーブが混合されているため、色々な風味
を楽しめる。

デイル
dill

（フレッシュ）
甘みのある爽やかな香り。やわらかい葉は、生のままスープやサラダに。ディルはサーモンをはじめとする魚料理と相性が良いので、トッピングに使用。消化にも良いので、食べ過ぎたときなどは食後にディルのハーブティーを飲むと良い。

スペアミント
spearmint

（フレッシュ＆ドライ）
スッとした穏やかな清涼感が特徴。ドライはデザートの香り付け、肉や魚料理の臭み消しに。フレッシュは飾りに使用されることが多い。スペアミントのスッキリした香りはリラックスしたいときなどに使用すると良い。

ペパーミント
peppermint

（フレッシュ＆ドライ）
強めのクールな清涼感のある香り。フレッシュはデザートの飾りから、サラダに混ぜたりソースに使ったりするほか、カクテルなどの飲み物に使われている。清涼感のある香りはリフレッシュしたいときにぴったり。

エルブドプロバンス
herbes de provence

フランスのプロバンス地方で採れるハーブを、ミックスしたドライハーブ。ローズマリー、タイム、セージや、独特な深みのある香りを持つハーブのサボリーなどが配合されることが多い。幅広い素材と相性が良く、イタリア料理では香草焼きや煮込み料理によく使用される。

ハーブミックス
herb mix

イタリア料理には欠かせないバジル、オレガノ、パセリ、タイムをバランス良く配合したドライハーブ。少量使用するだけでパスタ、ピッツァ、鶏肉料理、魚のムニエルなどが本格的な味に仕上がる。色々なハーブを買い揃えなくても、これ1本でおうち料理をワンランクアップ。

タラゴン
tarragon

アニスとセロリを合わせたような優しく爽やかな香り。イタリア料理では香り付けのほかに肉・魚等の臭み消しに使用。また、ビネガーと相性が良いのでマリネやピクルス、ドレッシングはもちろん、マヨネーズにも最適。

チャイブ
chives

ネギの仲間で、細くスラリと伸びた葉、デリケートでマイルドな風味が特徴のハーブを細かく切ってドライにしたもの。ネギやアサツキの代わりに、オムレツやポテトサラダ、スープ、ドレッシングなどの料理に用いると、香りと彩りのアクセントになる。

ホワイトペッパー

white pepper

マイルドな香りとピリッとした辛みが特徴で、薄い色の料理の色を損なわず、辛みと風味を付けることができる、白コショウとも呼ぶスパイス。クリームシチュー、グラタン、卵料理、チキンソテー、白身魚のムニエルなどに最適。また、素材の味を引き立てつつ、辛みを際立たせる場合にもよく用いられる。

ブラックペッパー

black pepper

爽やかな強い香りとピリッとする辛みが特徴。牛肉や青魚、乳製品などの臭いの強い食材によく合う黒コショウとも呼ぶスパイス。煮込み料理やピクルスのような漬け込み料理には粒のまま使用。料理の仕上げには香りが立つように挽き立てをふると、見た目にもアクセントになりおいしさが増す。

グリーンペッパー

green pepper

未熟な緑色のペッパー果実を機械乾燥させて作られたグリーンペッパーは、フレッシュ感のある爽やかな香りと辛みが特徴。また、きれいな緑色なので料理のトッピングに用いられるほか、ステーキ、マリネ、ドレッシング、サラダなどに最適。おもに仕上げに使用される。

ピンクペッパー

pink pepper

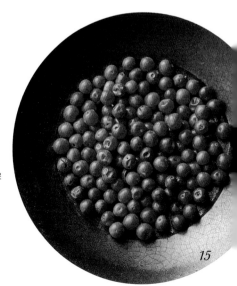

香りや形はほかのペッパーと似ているのでこの名前が付いているが、ペッパーの仲間ではない。ピンクペッパーはコショウボクの実を乾燥させたスパイスで、赤の彩りが料理を華やかに仕上げる。オードブル、ステーキ、マリネ、サラダ、ムニエルなどに最適。

ジンジャー
ginger

ショウガの爽やかな風味と辛みをそのままパウダーにしたもの。スライスしたり、すりおろす手間が省け、使いたいときにすぐ使用できるので便利。イタリア料理では肉を使った煮込み料理や炒め物などに使用。家庭ではショウガ焼き、クッキー、紅茶などにも最適。

ガーリック
garlic

あらゆる料理を引き立てる、味と香りを簡単に楽しめるドライのガーリックスライス。生のニンニクと同じようにそのまま炒めたり、水で戻して使用することも可。煮込み料理、スープなどにも使用するほか、薄くて歯触りの良いガーリックチップはサラダのトッピングにしてもおいしい。

サフラン
saffron

エキゾチックな芳香と、水溶性の透き通るように美しい黄金色の色素が特徴のサフラン。パエリア、ブイヤベース、サフランライスには必須のスパイスで、おもに料理の色付け、香り付けに使用。ぬるま湯にサフランを15分以上漬けて色を出した水で料理する。

チリペッパー
chili pepper

赤唐辛子を粗挽きや粉末にしたもので、鮮やかな赤色と刺激的な辛さが特徴。イタリアンではペペロンチーノやアラビアータなどのパスタ料理には必須のスパイス。類似した名前のチリパウダーは、唐辛子のほか、パプリカや塩などをミックスしたもので辛みはあまりない。

パプリカ

paprika

唐辛子の仲間で、辛みのない品種「パプリカ」を粉末状にしたもの。味はほとんどないが、鮮やかな赤色と甘く独特な香りが特徴。煮込み料理やスープ、サラダの風味付けなどに使用。また、鮮やかな色を活かして料理の仕上げにひとふりすれば見た目も華やかに仕上がる。

ナツメグ

nutmeg

甘く刺激的な香りで、肉料理や乳製品と相性の良いスパイス。肉の臭みを消す効果が高いので、ハンバーグやミートソースなどのひき肉料理には欠かせない。また、加熱すると刺激的な香りが弱まり甘みが引き立つので、クッキーやパイといった焼き菓子にもよく使用する。

エシャロット

shallot

見た目は小玉ねぎに似ているが、玉ねぎのような刺激的な臭いは少なく、甘い香りと独特な風味が特徴。フランス料理やイタリア料理に欠かせないスパイスで、炒め物、ドレッシングなどに使用。油で揚げてリゾットやパスタのトッピングなど、薬味としても利用することがある。

ピクルス用スパイス

pickling spice

ブラックペッパー、マスタードシード、オールスパイス、コリアンダーシード、クローブなど、ピクルスに最適なスパイスが配合されたミックススパイス。ワインビネガー、砂糖、塩とともに煮立て、野菜を漬け込むだけで風味豊かで本格的なピクルスができあがる。

バニラビーンズ

vanilla

甘い芳醇と豊かな香りが特徴で、お菓子の香り付けに人気のスパイス。扱い方は、ナイフで縦に切れ目を入れて開き、さやの中にある砂粒のような細かい種子を削り取り、菓子の材料に加える。ティラミスやパンナコッタ、アイスクリームなどに最適。

シナモン

cinnamon

エスニックなどの異国情緒のあるエキゾチックな甘い香り。アップルパイ、焼きリンゴ、クッキーなどのお菓子類はもちろんのこと、肉と相性が良いため、煮込み料理やひき肉を使った料理にも多く使用。シナモンには柑橘系の香りがするセイロンと濃厚な香りのカシアの2種がある。

岩塩・ハーブソルト

rock salt / herb salt

左から、味わい深い岩塩に香り高いハーブや色鮮やかなトマトパウダーをミックスしたマジックソルト。サラダ、スープ、トマトジュースに最適なセロリーソルト。ステーキなど、肉本来の味を引き出すのは、右端の太古の海水が結晶化したアメリカのユタ州産の岩塩。

Part 1

ソース、パスタ、ピッツァ、リゾットのレシピ

代表的なイタリア料理といえば、パスタやピッツァ。ここでは最初に基本的なソースの作り方からレッスンし、パスタ、ピッツァ、リゾットの順でレシピをご紹介。ハーブ＆スパイスを上手に使いこなすメソッドやポイント、テクニックを伝授します。

この料理の決め手は
オレガノ
chef's method

トマトソース

イタリア料理の基本のソースの中でも代表的なソース。パスタやピッツァなどの
ソース、ブイヨンで伸ばしてスープやメイン料理のソースとしても使われます。

材料2人前

トマト缶（ホール）……1缶
玉ねぎ……1/4個
にんじん……1/8本
セロリ……1/8本
ニンニク……2かけ
オリーブオイル……大さじ1
塩①……小さじ1/2
水……200ml
塩②……2g
オレガノ（ドライ）……小さじ1/2

作り方

1 ボウルにトマト缶を開け入れ、手で潰す。

2 玉ねぎは2cm角、にんじんは5mmの厚さのいちょう切り、セロリは2cm幅に切り、ニンニクは包丁の背で潰す。Ⓐ

3 鍋にオリーブオイルとニンニクを入れて弱火にかけ、香りが立ってきたら野菜を加える。Ⓑ

4 野菜全体にオイルが絡んだら中火にする。塩①を加えて野菜がしんなりするまで炒める。

5 野菜に火が通ったらトマト缶を入れ、水、塩②、オレガノを加え、弱火で1時間煮詰める。Ⓒ

6 火から降ろし、ザルなどで濾す。①

Herb&Spice method Ⓐ

ニンニクは縦半分に切り、切り口を下にまな板に置き、包丁を横にしてニンニクの上に置く。手の平の付け根あたりで包丁をぐっと押して潰す。

Herb&Spice method Ⓑ

ニンニクは熱した鍋に入れるとすぐに焦げるので、オイルとニンニクを入れてから弱火にかけ、じっくりとニンニクの香りを引き出す。

Herb&Spice method Ⓒ

全ての食材が鍋に入ったら、最後にオレガノを加える。トマトソースには香りの強いドライのオレガノが最適。

Point ①

最後に裏ごしをするとなめらかでおいしいトマトソースができ上がる。このひと手間を忘れないように！

この料理の決め手は

**スイート
バジル**

chef's method

ジェノベーゼ
ソース

香りと色を楽しむ緑のオイルソース。スイートバジルの葉は、冷蔵庫に保存したり、水洗いをして放置すると、劣化して香りがなくなってしまうので注意しましょう。

材料2人前

スイートバジル……60g

クルミ……30g

グラナ・パダーノチーズ……30g

オリーブオイル……130ml

ニンニク……2かけ

粉チーズ（パルミジャーノチーズ）……30g

作り方

1 スイートバジルの葉をちぎる。Ⓐ

2 クルミをフライパンに入れて弱火にかけ、2〜3分乾煎りする。①

3 グラナ・パダーノチーズをすりおろす。

4 全ての材料をフードプロセッサーに入れ、ペースト状になるまで回す。

Herb&Spice method Ⓐ

なめらかなソースを作るために、やわらかいスイートバジルの葉のみ使用し、茎は取り除く。きれいな緑色にするために、なるべく新鮮なものを使うと良い。

Point ①

クルミは弱火で乾煎りすると香りが立って香ばしくなる。ナッツの油分も出てくるのでなめらかなソースに仕上がる。

この料理の決め手は

白コショウ

chef's method

アイオリソース

マヨネーズのように乳化させて作るソース。
パスタはもちろん、サラダなどにも活躍します。

材料2人前

ニンニク……1/2かけ

卵黄……1個分

粒マスタード……23g

塩……2g

白コショウ……1g

酢……大さじ1/2

レモン汁……小さじ1/2

オリーブオイル……65ml

サラダ油……45ml

タバスコ……2滴

ウスターソース……1滴

作り方

1 ニンニクの芽を取り除く。Ⓐ

2 ミキサーにニンニクと卵黄、粒マスタード、塩、白コショウ、酢、レモン汁を入れて回す。

3 ボウルにオリーブオイルとサラダ油を入れて混ぜ合わせる。

4 2に合わせたオイルを少しずつ加え、空気を含ませながら回し、乳化させる。①

5 さらにタバスコ、ウスターソースを入れて混ぜ合わせる。

Herb&Spice method Ⓐ

ニンニクの芽は、焦げやすく苦みが強いので使用しない。また、アクが強いのでお腹が弱い人は特に食べない方が良い。

Point ①

ミキサーを回しながら、合わせたオイルを糸状にたらすと乳化（水分と油分が混ざり白っぽくなる）しやすい。たった1滴のウスターソースが香りを付ける。

この料理の決め手は
白コショウ
chef's method

ベシャメルソース

ホワイトソースといわれたりもする、このソースは、
グラタン、ラザニアやメインの料理まで数多くのレパートリーがあります。

材料2人前

薄力粉……50g
無塩バター……50g
牛乳……500ml
塩……2g
白コショウ……少々

作り方

1 薄力粉はふるう。
2 鍋に薄力粉とバターを入れ、弱火にかけて混ぜる。
3 ペースト状になったら、牛乳を少量加える。
4 中火に近い弱火にし、5回に分けて牛乳を加え、その都度よく混ぜる。
5 とろみが付いたらさらに2分ほど煮詰め、ザルなどで濾す。①
6 塩と白コショウを入れ、味をととのえる。Ⓐ

Point ①

とろみが付いてきた後、2分ほど煮詰めることで薄力粉に火が入り、粉っぽさがなくなる。また、濾すことでなめらかなソースに仕上がるので、このひと手間を必ず行うこと。

Herb & Spice method Ⓐ

なめらかでマイルドなベシャメルソースにはピリッとした白コショウで味にアクセントを付ける。

この料理の決め手は

ニンニク

chef's method

イカスミソース

黒い見た目が衝撃的な、イカのスミでできたソース。
パスタ料理、リゾット、そしてメインの料理とレパートリーの広いソースです。

材料2人前

白ワイン……50ml	塩…… 2g
アオリイカのスミ袋	**白コショウ**……1g
……2杯	赤ワイン……50ml
ニンニク……1かけ	トマト缶（カット）
玉ねぎ……1/2個	…… 1/2缶
オリーブオイル……30ml	コンソメ（固形）……1個

作り方

1 ボウルに白ワインとスミ袋を入れ、空気に触れさせないように包丁で切り目を入れてスミを出す。①

2 ニンニクは縦に半分に切り、芯を取り除いてみじん切りにする。玉ねぎもみじん切りにする。

3 フライパンにオリーブオイル、ニンニクを入れて弱火にかける。香りが立ってきたら玉ねぎを加え、塩、白コショウをし、しんなりするまで炒める。Ⓐ

4 赤ワイン、トマト缶、コンソメを加えて中火にして5分、弱火にして1を入れ8分ほど煮て火を止める。

5 粗熱が取れたらミキサーにかけ、ペースト状にする。

Point ①

イカのスミは空気に触れるとすぐに劣化し、生臭くなるので、ワインの中で袋に切り目を入れてスミを出す。

Herb & Spice method Ⓐ

ニンニクの香りを引き出してから野菜を炒めると、風味が全体に回る。また、塩を加えてから炒めると早く火が通る。

この料理の決め手は

黒コショウ

chef's method

バルサミコ ドレッシング

ブドウの濃縮果汁を長期熟成してできたバルサミコ酢を使ったドレッシング。
サラダ、パスタ、メインの料理に使えるレパートリーの広いドレッシングです。

材料

EXVオリーブオイル……大さじ3
バルサミコ酢……大さじ1
塩……少々
黒コショウ……少々

作り方

1 ボウルに全ての材料を入れ、乳化するまで泡立て器で混ぜ合わせる。①

Herb & Spice method

ドレッシングなど、火にかけないものには風味の強い黒コショウが合う。同じく香りの強いバルサミコ酢とも相性が良い。

Point ①

ドレッシングを作る場合、水分（酢など）と油分をしっかり混ぜ合わせ、乳化させることにより食材と絡みやすく、味もマイルドになる。

パスタの上手なゆで方

パスタには乾麺と生麺がありますが、この本では一般的な乾麺を使用。
パスタの硬さには好みがありますが、
一番おいしいとされているアルデンテ（歯応えが残る状態）に仕上げる、
失敗しない上手なゆで方を紹介します。

1 大きめの鍋に水をたっぷり入れて強火にかける。沸騰して大きな泡が出てきたら塩をひとつまみ加える。
※パスタ100gをゆでる場合は2Lの水に10gの塩。塩は水に対して0.5%が目安。

2 塩を入れた後、再度沸騰したらパスタをなるべくバラバラになるように広げて入れる。すばやく湯に浸かるように菜箸などで沈める。

3 パスタ全体が湯に浸かったら中火にする。強火のままだと均等にゆだらないので火加減には注意する。

4 ここがアルデンテにゆで上げるポイント！ 小さい泡がポコポコ出ている状態をキープ。大きな泡が出ている場合はさらに火を弱くする。こうすれば、パスタが均等にゆで上がる。

5 パスタによるが、ゆで上がり時間の半分まで経ったら、調理に使う場合があるので、ゆで汁を100〜200mlほど取っておく。ゆで上がり時間の数秒前にパスタの状態をチェックし、好みの硬さならザルにゆでこぼす。
※ゆで上がったものをしばらく置く場合は、オリーブオイル（パスタ100gに対し大さじ1/2）をかけて揉んでおくと良い。

この料理の決め手は

イタリアンパセリ

chef's method

ボロネーゼ

日本でも人気のパスタ。
野菜と共に肉を食べることができる、ボリュームメニューです。

材料2人前

玉ねぎ……1/5個
にんじん……15g
セロリ……15g
ニンニク……1/2かけ
イタリアンパセリ①（フレッシュ）……1枝
オリーブオイル……40ml
牛ひき肉……200g
赤ワイン……150ml
トマト缶（カット）……1/5缶
ローレル（ドライ）……1枚
パスタ……160g
無塩バター……5g
粉チーズ……大さじ1
イタリアンパセリ②（フレッシュ）……1枝

作り方

1 玉ねぎ、にんじん、セロリ、ニンニク、イタリアンパセリ①をみじん切りにする。
2 オリーブオイルと1の野菜を入れた鍋を弱火にかけ、20分ほど炒めてペースト状にする。🅐
3 フライパンに油を入れず、牛ひき肉を入れて強火にかけ、カリカリになるまで炒める。①
4 2の鍋に3の牛ひき肉を入れ、強火にして混ぜながら炒める。
5 全体の水分が飛んだら赤ワインを入れて煮詰め、ワインの水分が1/2ほどになったらトマト缶を手で潰しながら加え、ローレルを入れる。🅑
6 弱火で1時間ほど煮込む。（出来上がったソースは一晩寝かせると旨みが増す）②
7 パスタを好みの硬さにゆでる。イタリアンパセリ②をみじん切りにする。
8 フライパンにバターを入れて中火にかけ、パスタを加えてサッと炒める。6のボロネーゼソースを加えてパスタと絡め、皿に盛る。粉チーズとイタリアンパセリ②をふる。

Herb & Spice method 🅐

ボロネーゼは牛肉の味をメインに押し出すため、野菜は少量。苦みと風味付けのイタリアンパセリも野菜同様に扱う。

Point ①

余分な油を使用せず、肉本来の脂で味を引き出す。また、肉の食感を出すため、細かくバラバラにならないように炒める。

Herb & Spice method 🅑

ローレルは、ちぎるか折ることで香りを引き出し食材の臭みを取る。今回は野菜をペースト状にするため、炒めるときではなく、煮込み始めに加える。

Point ②

弱火でじっくり煮込むことで、野菜の旨みが牛ひき肉にしみ込み、さらに肉の旨みをしっかり感じられるようになる。

この料理の決め手は

黒コショウ

chef's method

カルボナーラ

グアンチャーレと卵、そしてチーズで作られるカルボナーラもパスタの代表作。
本場のカルボナーラには、生クリームを入れず、黒コショウをたっぷりかけます。

材料2人前

パスタ……160g

グアンチャーレ……60g

（グアンチャーレ※がない場合は、ベーコンや
パンチェッタでも代用可。）

白ワイン……大さじ2

卵黄……4個分

粉チーズ……90g

パスタのゆで汁……大さじ2

【仕上げ用】

粉チーズ……大さじ2

黒コショウ……小さじ1/2

※グアンチャーレとは、イタリア料理で使用される、豚
　ほほ肉のブロックを香辛料や調味料とともに塩漬
　けし、乾燥・熟成した加工食品。

作り方

1 パスタは好みの硬さにゆで、ゆで汁を取っておく。

2 グアンチャーレを5mm幅ほどに切る。フライパンに
入れて弱火にかけ、脂をじっくり出す。① ベーコンや
パンチェッタの場合は大さじ1のオリーブオイル（分量
外）で炒める。

3 表面がカリカリになってきたら中火にして白ワイン
を加え、アルコールが飛んだら火を止める。

4 ボウルに卵黄、粉チーズ、パスタのゆで汁を入れ
てよく混ぜ合わせる。②

5 さらに3を脂ごと加えて混ぜ、パスタを加える。ボ
ウルの底をお湯に当て、湯煎しながら混ぜる。③

6 皿に盛り、粉チーズ、黒コショウをふる。Ⓐ

※湯煎で固まりそうなときは、ゆで汁と粉チーズを入
　れて調整する。

Point ①

脂分の多いグアンチャーレは、
弱火でじっくり炒めることで脂
を出し、旨みを引き出す。仕
上げにふる黒コショウと相性
抜群。

Point ②

カルボナーラの要となる卵黄と
チーズのソースは、パスタを絡
めやすくするため、もったりする
まで泡立て器でよく混ぜる。

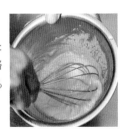

Point ③

ボウルの底に70℃くらいのお
湯を当てながらすばやく混ぜ
合わせ、ソースにとろみを付
ける。沸騰したお湯だと固ま
るので注意。

Herb & Spice method Ⓐ

黒コショウは、辛みよりも風味
を活かしたいときに使用。カ
ルボナーラはこの香りが決め
手になるので仕上げにたっぷ
りふる。

この料理の決め手は

**イタリアン
パセリ**

chef's method

ヴォンゴレ・ビアンコ

ヴォンゴレとはあさりのパスタのこと。白ワインをベースにあさりの持つ旨みを生かし、
ニンニクとイタリアンパセリの風味を最大限に引き出したさっぱりとした塩味です。

材料2人前

あさり……400g

パスタ……200g

ニンニク……1かけ

赤唐辛子……2本

イタリアンパセリ（フレッシュ）……4枝

オリーブオイル……大さじ5

白ワイン……80ml

塩……1.5g

黒コショウ……ひとつまみ（約小さじ1/8）

※あさりの砂抜き方法：ボウルに500mlの水と塩を大
さじ1入れてよく溶かす。ボウルに沈む大きさのザ
ルを入れ、洗ったあさりを加える。暗く涼しい場所
に1時間～1晩置き、ボウルの底に砂が溜まってい
たらザルごとあさりを取り出して流水で洗う。

作り方

1 あさりは、砂抜きしてよく洗っておく。

2 パスタは好みの硬さにゆでる。

3 ニンニクを縦に半分に切り芯を取り除いてみじん
切りにする。赤唐辛子は、へたと種を取り除く。

4 イタリアンパセリは葉のみ、粗みじん切りⒶにする。

5 フライパンにオリーブオイル、ニンニク、赤唐辛子
を入れて弱火にかける。

6 香りが立ってきたら、あさり、白ワインを入れて中
火にし、蓋をして2分ほどたったらイタリアンパセリを
加え、Ⓑ 再度蓋をして2分ほど火にかけて全てのあさ
りの口を開ける。

7 塩で味をととのえ、煮汁が1/2になるまで煮詰める。①

8 パスタを入れ、黒コショウをふって混ぜ合わせ、Ⓒ
皿に盛る。

Herb & Spice method Ⓐ

イタリアンパセリは、パスタや
あさりと絡みやすくするため
に、やわらかい葉のみを粗み
じん切りにして使用する。

Herb & Spice method Ⓑ

イタリアンパセリ独特の、爽や
かな香りとほろ苦さを活かす
ために、あさりを蒸している途
中で加える。

Point ①

あさりから出た水分には旨み
エキスがたっぷり含まれてい
るので、凝縮するために水分
量が1/2になるまで煮詰める。

Herb & Spice method Ⓒ

あさりの旨みエキスをパスタ
に吸い込ませたら、仕上げに
黒コショウをふって風味をパ
スタ全体に絡ませる。

この料理の決め手は

赤唐辛子

chef's method

ぺぺロンチーノ

シンプルなニンニクの香りとイタリアンパセリの香りの融合を味わうパスタ。
水と油をきっちりと乳化させるところがポイントです。

材料2人前

パスタ……200g
イタリアンパセリ（フレッシュ）……2枝
ニンニク……小2かけ
赤唐辛子……1本
オリーブオイル……50ml
パスタのゆで汁……大さじ2
塩……小さじ1弱

作り方

1 パスタは好みの硬さにゆで、ゆで汁を取っておく。
2 イタリアンパセリは粗みじん切りにする。Ⓐ
3 ニンニクを縦に半分に切り芯を取り除き、スライスする。赤唐辛子は、へたと種を取り除く。
4 フライパンにオリーブオイルとニンニク、赤唐辛子を入れて弱火にかける。Ⓑ
5 香りが立ってきたら火を止め、Ⓒ イタリアンパセリ、パスタのゆで汁、塩を加えてよく混ぜる。
6 パスタを入れ、全体に空気が入るようにフライパンを前後にふる。パスタがモタッとする感じ（乳化）に仕上げる。①

Herb & Spice method Ⓐ

イタリアンパセリは、太い枝の部分だけを取り除き、香りと苦みを感じられるように粗みじん切りにする。

Herb & Spice method Ⓑ

ニンニクと赤唐辛子は、焦げると苦みが出てくるので、弱火でじっくり火を通し、オイルに香りと辛みを移す。

Herb & Spice method Ⓒ

ニンニクが色付いてきたら火を止める。熱は入り続けるので、茶色くなり過ぎたと思ったら、フライパンを濡れ布巾の上に置いて急冷すると良い。

Point ①

乳化させるとは、油分と水分が混ざり合って白っぽくなる状態。そうすることで、パスタに味がしみ込み、おいしくなる。

この料理の決め手は

スイートバジル

chef's method

ジェノベーゼ スパゲティ

ジェノベーゼソースを絡めるだけのシンプルなパスタ。
鮮烈なスイートバジルの風味がクセになるおいしさです。

材料2人前

ジャガイモ……200g

パスタ……200g

ジェノベーゼソース……約280g（P22参照）

作り方

1 ジャガイモは、皮をむいて2cm角に切り、水に3分さらして水を切る。

2 パスタをゆで始め、ゆで上がり約3分前を目安に、① ジャガイモを鍋に加えて一緒にゆでる。② 丁度良い硬さになったらザルにゆでこぼす。

3 ボウルにジェノベーゼソースを入れ、パスタとジャガイモを加えて混ぜ合わせる。Ⓐ

Herb & Spice method

スイートバジルは変色するのが早いデリケートなハーブ。色が変わらないうちにジェノベーゼソースにしておくと新鮮な風味が長持ちする。

Point ①

パスタは、沸騰させたままゆでないこと。泡がポコポコ出てくるくらいの中火で、商品に記載してある時間を目安に硬さを見ながらゆでる。

Point ②

ジャガイモは少し歯応えのあるように仕上げるため、約2分間のゆで時間で上げる。

Herb & Spice method Ⓐ

食べる直前に、パスタとジェノベーゼソースを絡める。バジルの甘く爽やかな香りが湯気とともに立ち上がり、アロマ効果も期待できる。

この料理の決め手は

黒コショウ

chef's method

プッタネスカ

プッタネスカは、イタリア料理に欠かせないクセのある食材をふんだんに使ったパスタ。
刺激的な味わいは一度食べたら忘れられないおいしさです。

材料2人前

パスタ……160g

ニンニク……2かけ

赤唐辛子……2本

イタリアンパセリ（フレッシュ）…… 1枝

アンチョビ（フィレ）……2枚

オリーブオイル……大さじ4

パスタのゆで汁……大さじ2

黒オリーブ……10粒

ケイパー……20g

トマトソース（P20〜21参照）……260ml

塩……小さじ1/2

黒コショウ……小さじ1/4

作り方

1 パスタは好みの硬さにゆで、ゆで汁を取っておく。

2 ニンニクを縦に半分に切り、芯を取り除き、みじん切りにする。赤唐辛子は、へたと種を取り除く。Ⓐ

3 イタリアンパセリの葉とアンチョビは、みじん切りにする。Ⓑ

4 フライパンにオリーブオイルとニンニク、赤唐辛子を入れて弱火にかける。香りが立ってきたら、イタリアンパセリ、パスタのゆで汁を入れて一旦火を止める。①

5 黒オリーブ、ケイパー、アンチョビ、トマトソースを入れて再度中火にかけ、1分ほど炒め合わせる。

6 パスタを入れて混ぜ合わせ、塩、黒コショウで味をととのえる。Ⓒ

Herb & Spice method Ⓐ

赤唐辛子は、種に強烈な辛みを持っているので取り出すのが賢明。指先でヘタを取り、縦に軽く揉むと種が取れる。

Herb & Spice method Ⓑ

イタリアンパセリは、料理に入れる場合にはやわらかい葉のみを使用する。残った枝は煮込み料理の香り付け（ブーケガルニ）などに使用できる。

Point ①

焦げると苦みだけが出てしまうので、ニンニクと赤唐辛子、イタリアンパセリに火が入り過ぎないようにするため、一旦火を止める。

Herb & Spice method Ⓒ

黒コショウは、臭いの強い食材（アンチョビ）と合わせる場合、より香りを立たせるために仕上げにたっぷりふって全体を混ぜ合わせると良い。

赤唐辛子

アラビアータ

イタリア語で、「怒り」という意味のパスタ。ピリッとした辛みが食欲を増す「アラビアータ」。
唐辛子とトマトが盛んに栽培されているイタリアならではの組み合わせです。

材料2人前

【ソフリット】
玉ねぎ……1/4個
にんじん……15g
セロリ……15g
水……300ml
チキンコンソメ……1個
オリーブオイル……大さじ2

パスタ……160g
ニンニク……大2かけ
赤唐辛子……4本
イタリアンパセリ①（フレッシュ）……2枝
オリーブオイル……大さじ4
パスタのゆで汁……大さじ2
トマト缶（ホール）……2/3缶
水……90ml
粉チーズ……40g
豆板醤……小さじ1
イタリアンパセリ②（フレッシュ）……少々

作り方

1 玉ねぎ、にんじん、セロリをみじん切りにする。①
鍋に水とチキンコンソメを入れて中火にかけ、スープを作っておく。

2 ソフリットを作る。別の鍋にオリーブオイル、1の玉ねぎ、にんじん、セロリを入れて弱火にかけて5分、中火にして5分、水分が出てきたら木べらで混ぜながら10分炒め、きつね色のペースト状になったら火を止める。②

3 パスタを好みの硬さにゆで、ゆで汁を取っておく。

4 ニンニクを縦に半分に切り芯を取り除き、みじん切りにする。赤唐辛子は、へたと種を取り除く。イタリアンパセリ①はみじん切りにする。

5 フライパンにオリーブオイルとニンニク、赤唐辛子を入れて弱火にかける。🅐 香りが立ってきたらイタリアンパセリ、ソフリット、パスタのゆで汁を入れる。

6 トマト缶、1のスープを加えて12分ほど煮詰める。

7 粉チーズ、パスタ、豆板醤を入れて混ぜ合わせる。③

8 皿に盛り、イタリアンパセリ②を飾る。

Point ①

ソフリットとは、野菜の旨みを凝縮させた調味料的存在。玉ねぎ、にんじん、セロリを細かくみじん切りにすることが必須。

Point ②

まずは弱火でじっくり野菜の旨みを引き出すためにしばらく放置。水分が出てきたら火を強めにして炒めるようにする。

Herb & Spice method 🅐

赤唐辛子はニンニクと同様に焦げると苦みが出るので弱火でじっくり炒めて辛みを引き出す。もしも焦げてしまったら、オイルは残し、赤唐辛子を取り出す。

Point ③

豆板醤は、おもに中華料理に使用する調味料だが、トマトと相性が良く、ピリッと刺激的な辛みを持つためイタリア料理でも時々使用する。

この料理の決め手は
ニンニク
chef's method

イカスミスパゲティ

イカのスミのパスタ。見た目の黒いパスタは、
シンプルな作り方でも本格的な味わい。

材料2人前

パスタ……160g

ニンニク……大2かけ

赤唐辛子……2本

オリーブオイル……20ml

イタリアンパセリ①（フレッシュ）……1枝

アンチョビ（フィレ）……2枚

パスタのゆで汁……大さじ2

イカスミソース（P25参照）……30g

白ワイン……80ml

トマトソース（P20〜21参照）……140ml

EXVオリーブオイル……小さじ2

イタリアンパセリ②（フレッシュ）……1枝

作り方

1 パスタは好みの硬さにゆで、ゆで汁を取っておく。

2 ニンニクを縦に半分に切り芯を取り除き、細かくみじん切りにする。Ⓐ 赤唐辛子は、へたと種を取り除く。イタリアンパセリ①②、アンチョビをみじん切りにする。

3 フライパンにオリーブオイル、ニンニク、赤唐辛子を入れて弱火にかける。

4 香りが立ってきたら、イタリアンパセリ①、アンチョビ、パスタのゆで汁を入れて一旦火を止める。

5 イカスミソースと白ワインを加え、再度強火にかけて沸騰させ、アルコールを飛ばす。①

6 さらにトマトソースを入れ、中火にして3分煮込んで火を止める。

7 6のイカスミソースにパスタとイタリアンパセリ②を入れて混ぜ合わせる。Ⓑ

8 皿に盛り、EXVオリーブオイルを回しかける。②

Herb & Spice method Ⓐ

クリーミーなソースに入れる場合、全体と混ざり合い、なめらかな口当たりにするため、ニンニクは細かくみじん切りにする。

Point ①

白ワインのアルコール分が飛んだかどうかの目安は、沸騰して30秒ほど放置し、アルコール臭さがなくなればOK。

Herb & Spice method Ⓑ

イタリアンパセリは、風味付け以外に料理をきれいに見せる役割もあるため、イカスミに負けないように半量は最後に混ぜ合わせると良い。

Point ②

仕上げにEXVオリーブオイルをかけることで、パスタの余熱でオイルの香りが広がり、見た目にも艶が出る。

この料理の決め手は
ニンニク
chef's method

ペスカトーレ

海老やイカ、貝など、海の幸の旨みがギュッと凝縮したトマトソースのパスタです。

材料2人前

有頭海老……大4尾
ゆでタコの足……1本
ヤリイカ……1杯
あさり……10個
ムール貝……4個
パスタ……160g
ニンニク……4かけ
赤唐辛子……2本
イタリアンパセリ①（フレッシュ）……2枝
オリーブオイル……大さじ4
パスタのゆで汁……大さじ2
水……大さじ4
トマト缶（ホール）……1缶
塩……少々
イタリアンパセリ②（フレッシュ）……1枝

※あさりの砂抜き方法はP33参照。

作り方

【魚介の下準備】
有頭海老は頭と尾を残して殻をむき、背ワタを取る。タコは、厚めにスライスする。イカは、ワタと軟骨を取り、8mm幅の輪切りにする。あさりは、砂抜きしてよく洗っておく。ムール貝もよく洗う。

1 パスタは好みの硬さにゆで、ゆで汁を取っておく。
2 ニンニクを縦に半分に切り芯を取り除き、みじん切りにする。赤唐辛子は、へたと種を取り除く。イタリアンパセリ①②はみじん切りにする。
3 フライパンにオリーブオイルとニンニク、赤唐辛子を入れて弱火にかける。Ⓐ
4 香りが立ってきたら有頭海老を入れ、両面を軽く焼いて取り出し、バットなどに上げておく。①
5 4のフライパンにイタリアンパセリ①、パスタのゆで汁、あさりとムール貝、水を入れて中火にし、蓋をして4分ほど煮る。
6 貝類の口が開いたらトマト缶、有頭海老、イカとタコを加え、中火のまま5分ほど煮る。※ソースが煮詰まるときは、ゆで汁（分量外）を足して調整する。②
7 パスタを入れて混ぜ合わせ、塩で味をととのえる。
8 皿に盛り、イタリアンパセリ②をふる。Ⓑ

Herb & Spice method Ⓐ

ニンニクと赤唐辛子は弱火でじっくり辛み、香りを引き出し、オリーブオイルに移す。ペスカトーレは魚介の生臭さを緩和するため、ニンニクは多めに入れる。

Point ①

有頭海老を焼く場合、弱火より少し強くして両面を押し付けるようにする。後に煮込むので、焼き具合は表面の色が変わるくらいで良い。

Point ②

パスタを入れたとき、ソースに水分が全くないと絡みにくいので、煮詰まったらゆで汁または水を50mlほど足すと良い。

Herb & Spice method Ⓑ

真っ赤なトマトベースのパスタには、鮮やかな緑色のイタリアンパセリが映えるので、仕上げにふると良い。

この料理の決め手は

タイム

chef's method

アマトリチャーナ

イタリアのアマトリーチェという町から名前が付いたパスタ。
ベーコンの旨みを加えたシンプルなトマト味です。

材料2人前

パスタ……200g

トマト缶（カット）……1缶

玉ねぎ……40g

ベーコン……100g

赤唐辛子……1本

オリーブオイル……大さじ3

水……大さじ3

タイム（フレッシュ）……4枝

粉チーズ……35g

塩……2g

作り方

1 パスタは好みの硬さにゆでる。

2 トマト缶の水気を切る。①

3 玉ねぎは薄切り、ベーコンは5mm幅に切る。赤唐辛子は、へたと種を取り除く。

4 フライパンにオリーブオイルと玉ねぎを入れて中火にかけ、しんなりしてきたらベーコンを加えて炒める。

5 赤唐辛子を入れ、色が変わったら取り出し、Ⓐ トマト缶と水、タイム3枝を入れて中火にかけ、10分煮込む。Ⓑ

6 ボウルにパスタと粉チーズを入れて混ぜ合わせ、煮込んだソースに加える。②

7 全体をよく混ぜ合わせ、塩で味をととのえる。皿に盛り、タイム1枝を飾る。

Point ①

ソースの味を濃厚にするために、トマト缶の余分な水分は加えない。ザルなどに入れて水気を切ると良い。

Herb & Spice method Ⓐ

アマトリチャーナは辛みの強い料理ではないので、赤唐辛子は風味付けのために使用。オイルに風味を移したら取り出す。

Herb & Spice method Ⓑ

タイムの独特で清々しい芳香が煮込み料理に最適。特にトマトと相性が良いので、一緒に煮込むと本格的な風味になる。

Point ②

ソースに入れる前に、パスタと粉チーズをよく絡めると、よりチーズのコクと香りが強調されておいしくなる。

基本のピッツァ生地の作り方

ピッツァ生地は、生地に厚みがありモチモチした食感のナポリ風と、
生地が薄いクリスピータイプのローマ風があります。
好みにもよりますが、イタリアでは具材の少ないシンプルなものにはナポリ風、
具材をたくさんのせるものにはローマ風と、生地を使い分けています。

ナポリ風生地

材料2枚分

砂糖……2g	強力粉……160g
ドライイースト……3g	薄力粉……25g
牛乳……120ml	塩……6g

ローマ風生地（クリスピー）

材料2枚分

砂糖……2g	強力粉……140g
ドライイースト……3g	薄力粉……10g
牛乳……80ml	塩……6g

作り方

❶ 鍋に砂糖とドライイースト、牛乳を入れ弱火にかける。

❷ 指で触り、人肌の温度になったら火を止める。

❸ 5分ほど放置し、ドライイーストを膨らませる。

❹ ボウルに強力粉、薄力粉、塩を入れる。
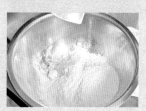

❺ 粉類の入ったボウルに❸を入れる。

❻ 指先を使い、均一に混ぜ合わせる。

❼ まとまってきたら、手の付け根を使い、粉っぽさがなくなるまでよくこねる。

❽ こね終わった生地に、十字の切り込みを入れる。

❾ ラップをかけて20〜30分置き発酵させる。

❿ 室温にもよるが20分くらいで、十字の切り込みが開いてくる。

⓫ 生地をボウルから出し、半分に切る。

⓬ 空気を抜きながら、それぞれを丸める。

⓭ 濡れ布巾をかけて20分置き、二次発酵させる。大きさが2倍になるくらいが発酵完了の目安。

⓮ 麺棒を使って生地を丸く伸ばす。中央から外側に麺棒を押しながら、生地を直径30cmほどに、均等の厚みに伸ばす。

この料理の決め手は

スイート
バジル

chef's method

マルゲリータ

3種類の具材をトッピングしたシンプルなピッツァ。スイートバジルの緑・
モッツァレラチーズの白・トマトの赤がイタリア国旗を表しているとされる、ピッツァの代表格です。

材料2人前

トマト……1/4 個

モッツァレラチーズ(生)……80g

パルメザンチーズ……30g

ピッツァ生地(P48〜49参照)……1枚分

トマトソース(P20〜21参照)……120ml

スイートバジル(フレッシュ)……6枚

EXVオリーブオイル……大さじ1

作り方

1 トマトをくし形切りに、モッツァレラチーズはひと口大に手でちぎる。① パルメザンチーズは細かくすりおろす。②

2 ピッツァ生地にトマトソースを塗り、モッツァレラチーズをのせ、パルメザンチーズをふる。

3 くし形切りにしたトマトをのせ、300℃に温めたオーブンで7分焼く。

4 焼き上がったら、バジルをのせ、Ⓐ EXVオリーブオイルを回しかける。③

Point ①

モッツァレラチーズは包丁で切らず、手でちぎると他の食材と馴染みやすくなる。ひと口大にちぎり、まんべんなく生地に置く。

Point ②

パルメザンチーズは細かくすりおろし、全体にかける。パルメザンチーズがない場合は市販の粉チーズで代用可。

Herb & Spice method Ⓐ

スイートバジルは、フレッシュな状態を楽しむために、焼き上がってからトッピングする。余熱が伝わり、香りが強くなる。

Point ③

焼き上がり、食卓に出す前にEXVオリーブオイルを回しかけることで、オイルの香りが立ち、本格的なマルゲリータに仕上がる。

この料理の決め手は
スイート
バジル
chef's method

ロマーナ

「ロマーナ」とは、ローマ人とかローマ風という意味。ピッツァ・ロマーナは、ローマを代表する料理といえます。このピッツァは、クリスピータイプの生地で作るのが本格的です。

材料2人前

ピッツァ生地（P48〜49参照）……1枚分
トマトソース（P20〜21参照）……120ml
トマト……1/4個
イタリアンパセリ（フレッシュ）……1枝
モッツァレラチーズ（生）……80g
アンチョビ（フィレ）……3枚
バジル（ドライ）……小さじ1/2
粉チーズ……大さじ2
スイートバジル（フレッシュ）……6枚

作り方

1 ピッツァ生地にトマトソースを塗る。トマトは薄切りにする。① イタリアンパセリはみじん切りにする。

2 トマトソースの上にトマトを置き、モッツァレラチーズとアンチョビを手でちぎりながらのせる。②

3 バジル（ドライ）と粉チーズをふりかける。Ⓐ

4 300℃に温めたオーブンで10分焼く。

5 焼き上がったらイタリアンパセリをふり、スイートバジル（フレッシュ）を手でちぎりながらのせる。Ⓑ

Point ①

トマトソースの上にのせるトマトは1cmほどの薄切りにすると、熱が通りやすくソースと馴染みやすい。

Point ②

モッツァレラチーズは食べやすいひと口大に、アンチョビは塩分が強いので1cm幅ほどの小さめにちぎる。

Herb & Spice method Ⓐ

ピッツァの具材として熱を加えて完成させる場合は、ドライのバジルを使用。扱いやすく、ちょっとした香り付けにも便利。

Herb & Spice method Ⓑ

ロマーナは焼き上がりにもフレッシュのスイートバジルをのせるダブル使い。イタリアンパセリもプラスしてより風味をアップさせる。

この料理の決め手は

ペパーミント

chef's method

クアトロ・フォルマッジ

4種類の濃厚なチーズが織りなすハーモニーは、
一度食べるとクセになる味わいです。

材料2人前

ピッツァ生地（P48〜49参照）……1枚分

オリーブオイル……大さじ1

エメンタルチーズ……50g

チェダーチーズ……50g

ブルーチーズ……50g

ペパーミント（フレッシュ）……1枝

パルメザンチーズ（パウダー）……30g

はちみつ……大さじ2

作り方

1 ピッツァ生地にオリーブオイルを塗る。①

2 エメンタルチーズ、チェダーチーズ、ブルーチーズは2cm角程度に切る。ペパーミントは粗みじん切りにする。Ⓐ

3 ピッツァ生地の上にエメンタルチーズ、チェダーチーズ、ブルーチーズ、パルメザンチーズの順番にのせる。②

4 300℃に温めたオーブンで12分ほど焼く。

5 皿に盛り、はちみつを回しかけ、ペパーミントをちらす。Ⓑ

Point ①

このピッツァはソースを敷かず、チーズ自体の味を楽しむもの。チーズが溶けて生地に馴染みやすくするためにオリーブオイルを塗る。

Herb & Spice method Ⓐ

ペパーミントは、粗みじん切りにすることで芳香を発散する。こってりしたチーズに爽やかな香りで食べやすくなる。

Point ②

4種類のチーズは一番伸びるエメンタルチーズを下（ベース）にして、順に重ねる。食べる場所により味の違いが楽しめる。

Herb & Spice method Ⓑ

濃厚なチーズと甘いはちみつのトロッとした食感は相性抜群！ペパーミントの爽快感を楽しむために、焼き上がってからトッピングする。

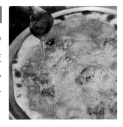

黒コショウ

ビスマルク

19世紀、プロイセン王国とドイツ連邦で首相を務めた
卵好きだった宰相ビスマルクの名前が付いたピッツァです。

材料2人前

ピッツァ生地（P48〜49参照）……1枚分
トマトソース（P20〜21参照）……大さじ3
ピッツァ用ミックスチーズ……80g
卵……1個
生ハム……6枚
黒コショウ……少々
EXVオリーブオイル……小さじ1

作り方

1 ピッツァ生地にトマトソースを塗る。
2 ピッツァ用ミックスチーズを生地の中央に空きを
作ってのせ、220℃に温めたオーブンで10分焼く。①
3 一旦オーブンから出し、中央をくぼませて卵を割り
入れ、② さらにオーブンに入れて5分焼く。
4 皿に盛り、生ハムをのせ、黒コショウをふる。Ⓐ
5 仕上げにEXVオリーブオイルを回しかける。③

Point ①

あとで卵を割り入れることを考えて、トマトソースを塗った
生地の中央に少しだけ空きを作り、チーズをのせる。

Point ②

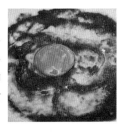

ピッツァ生地に火が通り、チー
ズが溶けた段階でオーブンか
ら出して卵を割り入れる。卵
が流れないように中央にくぼ
みを作ることを忘れずに。

Herb & Spice method Ⓐ

生ハムをのせたら黒コショウ
をたっぷりふりかける。香り
を立てるためには細挽き、挽
き立てがおすすめ。

Point ③

焼き立てのピッツァにEXVオリーブオイルをかけると、香
りがフワッと立ち上がり、さらにおいしさが増す。

この料理の決め手は

セージ

chef's method

ボスカイオーラ

「ボスカイオーラ」は、きこりの意味。
きのこたっぷりのこのピッツァは、森のごちそうです。

材料2人前

しめじ……30g

舞茸……30g

ベーコン……20g

ツナ……20g

ピッツァ生地（P48〜49参照）……1枚分

トマトソース（P20〜21参照）……60ml

ピッツァ用ミックスチーズ……80g

粉チーズ……60g

セージ（フレッシュ）……6枚

EXVオリーブオイル……小さじ2

作り方

1 しめじと舞茸は食べやすい大きさに手でちぎる。①

2 ベーコンは縦に3mmくらいに切る。ツナは油や汁気を切っておく。②

3 ピッツァ生地にトマトソースを塗り、きのこ類をのせる。③

4 きのこ類の上にベーコン、ツナ、ピッツァ用ミックスチーズの順番にのせ、220℃のオーブンで約10分焼く。

5 皿に盛り、粉チーズをふりかけ、セージをのせ、Ⓐ EXVオリーブオイルを回しかける。

Point ①

しめじは石づきを取り除いてから手でちぎる。きのこ類は風味を保つため、よほど汚れていない限り水洗いはせずに、濡れたペーパーなどで拭くと良い。

Point ②

ピッツァ生地に水分が浸透してベチャッとすることを防ぐために、ツナの油や水気はしっかり切ってからトッピングする。

Point ③

生地に塗ったトマトソースの上に、まんべんなくきのこ類をのせる。きのこがあまり重ならないように注意する。

Herb & Spice method Ⓐ

セージの葉を焼き上がったピッツァにのせると、香りが強く立つ。ほろ苦さもプラスされ、お酒にも合う大人のピッツァになる。

基本のリゾットベースの作り方

時間のかかるリゾットも、リゾットベースを作っておけば、食べたい時にすぐ作れます。
この作り方はお米もアルデンテに仕上がる本格的な味わい。
どんなソースとも合い、メイン料理にはもちろん、付け合わせにも重宝。
冷凍保存も可能なので、多めに作っておくことをおすすめします。

材料2人前

玉ねぎ……1/4個

チキンブイヨン……130ml

（固形ブイヨンなどで代用する場合、説明書き通りに水で溶かす）

水……130ml

オリーブオイル……小さじ2

無塩バター……7g

米（洗わない）……2合

作り方

❶ 玉ねぎを米と同じ大きさにみじん切りにする。

❷ 鍋にチキンブイヨンと水を入れ、温めておく。

❸ 別の鍋にオリーブオイル、バターを入れ中火にかけ、玉ねぎを加えて透明になるまで炒める。

❹ ❸の鍋に米を入れ、混ぜながら炒める。

❺ 米全体にオイルが回るように炒める。最初は乳白色の米。

❻ 水分を吸って乾いたパチパチという音がしはじめ、米が透き通ってくる。

❼ 米が全体的に透き通ったら❷のチキンブイヨンを加える。

❽ 全体に水分がいきわたるように混ぜる。

❾ 鍋に蓋をして強火にし、沸騰したら弱火にして時々蓋を開けて混ぜながら、10分煮て火を止める。

❿ 米が水分を吸って白っぽくなればリゾットベースのでき上がり。

⓫ リゾットベースを鍋から出し、バットか皿に広げて冷ます。

⓬ 冷めたらラップなどで1食分ずつ小分けにして包む。

⓭ 小分けにしたらなるべく平らにして保存する。冷凍も可。

Point

米は透き通るまで中火で炒めるが、焦げそうになったら弱火にしてじっくり炒めても良い。

この料理の決め手は

スイート
バジル

chef's method

トマトリゾット

トマトの酸味とベーコンの風味が食欲をそそります。
さっぱりした口当たりでも、満腹感のある一皿。

材料2人前

オリーブオイル……小さじ2

ベーコン……50g

白ワイン……大さじ1

リゾットベース（P60〜61参照）……2人前

トマト缶（カット）……1/2缶（約200g）

粉チーズ……15g

塩……1g

白コショウ……ひとつまみ（約小さじ1/8）

ミックスチーズ……20g

EXVオリーブオイル……大さじ1

スイートバジル（フレッシュ）……4枚

作り方

1 フライパンにオリーブオイルとベーコンを入れ、弱火にかけて炒める。①

2 ベーコンがカリッとしてきたら、白ワインを加える。

3 白ワインのアルコール分が飛んだら、② リゾットベースとトマト缶を加えて中火にする。

4 水分がなくなる少し前で火を止め、粉チーズと塩、白コショウ、ミックスチーズを入れて混ぜる。Ⓐ

5 皿に盛り付けEXVオリーブオイルを回しかけ、スイートバジルの葉をちぎってのせる。Ⓑ

Point ①

ベーコンは弱火でじっくり炒めることで、旨みのある脂が出てオリーブオイルと混ざり合う。

Point ②

白ワインのアルコールが飛ぶ目安は、量によるが沸騰して10〜30秒ほど。この料理では大さじ1の量なので、入れてすぐ沸騰する。

Herb&Spice method Ⓐ

白コショウの香りはマイルドだが、辛みは強く味のポイントになる。火を止めてから加えることで辛みもマイルドに。

Herb&Spice method Ⓑ

スイートバジルの葉は、ちぎることで甘く爽やかな香りが引き立ち、食欲をそそる。トマト料理と相性抜群のハーブ。

この料理の決め手は

白コショウ

chef's method

チーズリゾット

チーズとクリームで作るリゾットは、すっきりとしていて、
白ワインのおつまみとしても最適です。

材料2人前

イタリアンパセリ（フレッシュ）……2枝
生クリーム……80ml
白ワイン……50ml
リゾットベース（P60〜61参照）……2人前
粉チーズ……60g
白コショウ……小さじ1/2
塩……1g
EXVオリーブオイル……小さじ2

作り方

1 イタリアンパセリを粗みじん切りにする。Ⓐ
2 フライパンに生クリームと白ワインを入れて中火に
かける。①
3 白ワインのアルコールが飛んだら、リゾットベース
を入れて混ぜ合わせ、火を止める。
4 粉チーズを加えて混ぜ、白コショウと塩で味をとと
のえる。Ⓑ
5 皿に盛り、EXVオリーブオイルを回しかけ、イタリア
ンパセリのみじん切りをふる。Ⓒ

Herb & Spice method Ⓐ

粗みじん切りにしたイタリアン
パセリが残ったら、キッチン
ペーパーの上にちらし、冷蔵
庫に一晩置いて乾燥させ、保
存すると良い。

Point ①

生クリームと白ワインを一緒に沸騰させる場合、うっかり
すると生クリームを焦がしてしまう恐れがあるので目を離
さないこと。

Herb & Spice method Ⓑ

白コショウのピリッとした辛み
が濃厚なチーズと相性が良
く、チーズリゾットを引き立て
る。火を止めてから加えるこ
とで風味も長く続く。

Herb & Spice method Ⓒ

白いリゾットには香りが爽やかで、見た目もきれいなイ
タリアンパセリをちらすことでワンランクアップする。

チャービル

きのこのリゾット

きのこを炒めることで引き出される旨みが、
リゾットベースにしみ込んで、風味たっぷりのリゾットに。

材料2人前

マッシュルーム……6個

椎茸……4個

エリンギ……1本

無塩バター……20g

オリーブオイル……大さじ1

水……80ml

リゾットベース (P60〜61参照)……2人前

チャービル (フレッシュ)……2枝

作り方

1 マッシュルームと椎茸は薄切り、エリンギはマッシュルームと大きさを合わせるように横に1/2に切り、薄切りにする。①

2 フライパンにバターとオリーブオイルを入れて中火にかけ、② バターが溶けたらきのこ類を入れて炒める。

3 きのこ類がしんなりしてきたら、水を入れ煮立たせる。③

4 ひと煮立ちしたらリゾットベースを加え、混ぜ合わせて、火を止める。

5 器に盛り、チャービルの葉をのせる。Ⓐ

Point ①

口に入れたとき、味を均等に感じられるよう、きのこ類はなるべく同じ大きさに切るように心がける。

Point ②

きのこを炒める場合、オリーブオイルだけならさっぱり仕上がるが、風味をアップさせたいならプラスバターは必須。

Point ③

きのこは炒めて風味と旨みを引き出してから、水を加えてきのこエキスを移す。炒めないで水を入れると旨みが出そこなうので注意。

Herb & Spice method Ⓐ

チャービルは、料理の飾りに使用されることが多いが、ほろ苦い味と甘い香りが料理のアクセントになる。

カルボナーラ
リゾット

卵黄とチーズをたっぷり使った濃厚なカルボナーラを、
さらにクリーミーなリゾットにしました。

材料2人前

チキンコンソメ……1/2個

水……150ml

白ワイン……大さじ2

生クリーム……120ml

無塩バター……15g

リゾットベース（P60〜61参照）……2人前

卵黄……2個分

卵白……1個分

粉チーズ……大さじ2

黒コショウ……少々

EXVオリーブオイル……大さじ1

ディル（フレッシュ）……少々

作り方

1 鍋にチキンコンソメと水を入れ、強火にかけて半量になるまで煮詰めておく。

2 フライパンに1、白ワイン、生クリーム、バターを入れて中火にかける。

3 煮立ったらリゾットベースを加え、水分が半量になるまで煮詰めて火から下ろす。①

4 ボウルに卵黄と卵白を入れて混ぜ合わせる。②

5 4のボウルに3を加え、粉チーズ、黒コショウを入れて混ぜる。

6 皿に盛り、EXVオリーブオイルを回しかけ、黒コショウをふり、Ⓐ ディルをのせる。Ⓑ

Point ①

リゾットベースを加えてからも火加減はそのままで、素早く煮詰めれば米がやわらかくなり過ぎずにおいしく仕上がる。

Point ②

卵に火が入り過ぎず、トロッとした舌触りに仕上げるためには、フライパンではなくボウルに移して混ぜ合わせる。

Herb & Spice method Ⓐ

黒コショウは、ボウルの中で混ぜ合わせるときは少量で、仕上げの黒コショウは香りを立たせるため、皿全体にふると良い。

Herb & Spice method Ⓑ

ディルの甘みのある爽やかな香りが卵料理と相性が良く、濃厚なカルボナーラリゾットの味のアクセントにもなる。

ハーブ＆スパイスの扱い方

ハーブは、やわらかく傷みやすい葉の洗い方と保存する方法を、
スパイスは、香りを長持ちさせるためのひと工夫を紹介します。

1.洗う（フレッシュハーブ）

たっぷりの水に浸し、茎を持って軽くゆするか押す程度にします。ハーブは葉がやわらかいものが多いので、こすったりすると黒く変色することがあります。

2.水を切る

ハーブの茎を持ち、水から引き揚げてサッとふって水を切ります。あまり強くふると葉がちぎれてしまうので、優しく扱います。

3.ペーパーに置く

水気が残っていたら葉が傷みやすいので、キッチンペーパーの上に置きます。20〜30分そのまま放置し、完全に水気を切ります。

4.密封容器などに入れる

キッチンペーパーを敷いた密封容器にハーブを入れ、上からペーパーをかけて蓋をして冷蔵庫で保存します。密封容器に日付を書いておくと良いでしょう。

5.コップなどに入れる

すぐ使う場合は、洗って水気を切ったあと、コップなどに水を入れ、茎の切り口を下にして吸水させます。乾燥が気になる場合は上から軽くラップをかけると良いでしょう。

6.パックのまま保存する

スーパーなどでよく見かけるこのパック入りハーブ。実はパックに入れたまま保存すればハーブの鮮度が長持ちするという、機能性に優れたエスビー食品自慢の容器です。

スパイスの蓋

エスビー食品のスパイスには、風味を長持ちさせる透明の中蓋が付いているものがあるので、開封したら必ず蓋をしましょう。ドライスパイスは「光」「熱」「湿気」を避けて冷暗所で保存します。冷蔵庫や冷凍庫に入れると霜が降りて劣化する恐れも。ただし、商品によって冷蔵庫保存指定のものもあります。

Part 2

野菜、魚、肉料理、デザートのレシピ

イタリアンの基本は、アンティパスト（前菜）から始まり、ドルチェ（デザート）で締めくくります。ここでは前菜を含む野菜中心の料理と、魚や肉を使用したメイン料理、そしてイタリアの代表的なデザートレシピを、失敗しないメソッド＆ポイント付きで紹介します。

この料理の決め手は
スイート
バジル
chef's method

トマトとバジルの ブルスケッタ

イタリアの代表的なアンティパスト。カリカリに焼いたバゲットに
オリーブとトマト、そしてバジルの香りが広がります。

材料2人前

トマト……1個
ニンニク……1/2かけ
塩……少々
EXVオリーブオイル……大さじ1
バゲット（2cmほどの厚さにカットしたもの）……2枚
スイートバジル（フレッシュ）……2枚

作り方

1 トマトを湯むきする。へたを取り、尻側に十字の切り込みを入れ、沸騰した湯に入れて約20秒。湯から上げ、冷水につけて皮をむく。①

2 トマトを半分に切り、中の種を取り出し、1cm角に切る。②

3 ボウルの内側面にニンニクの切り口を当ててこすりつける。Ⓐ

4 塩とEXVオリーブオイルを加えてニンニクの香りを移したら、切ったトマトを加えて混ぜ合わせ、10分ほど置く。

5 フライパンにバゲットを入れ、中火にかけて両面をこんがり焼く。

6 4のボウルにスイートバジルをちぎって加えてサッと混ぜ、Ⓑ 焼いたバゲットにのせる。

Point ①

トマトの熟度により異なるが、十字に入れた切り込みが少し捲れるところで湯から上げる。

Point ②

トマトの種を取るときは、湯むきしたトマトを横に1/2等分し、小さじを使うと簡単に取ることができる。

Herb & Spice method Ⓐ

ニンニクの切り口をボウルの側面に当て、こすりつけることで辛みはなく、後口にもニンニク臭さが残らない。

Herb & Spice method Ⓑ

スイートバジルは鮮やかな緑色を保つため、最後に手でちぎってトマトに加える。バゲットにのせるとき、バジルが上にのるように盛り付ける。

この料理の決め手は

チャービル

chef's method

ブロッコリーの フリッタータ

イタリアでは、作り置きのお惣菜としても有名なブロッコリーのオムレツ。
見た目にも鮮やかな緑の色が印象的です。

材料2人前

ブロッコリー……1個
チャービル（フレッシュ）……2枝
イタリアンパセリ①（フレッシュ）……2枝
卵……4個
粉チーズ……大さじ2
牛乳……大さじ2
塩……少々
ナツメグ……小さじ1/2
EXVオリーブオイル……大さじ2
オリーブオイル……大さじ1
イタリアンパセリ②（フレッシュ）……少々

作り方

1 ブロッコリーを小分けにする。チャービルとイタリアンパセリ①は粗みじん切りにする。**A**

2 鍋にたっぷりの水を入れて中火にかける。沸騰したら塩（分量外）をひとつまみ入れ、ブロッコリーを加えて3分間ゆでる。

3 ザルに上げて水気を切り、皿に移してフォークの先などで潰す。**①**

4 ボウルに卵を割り入れ、みじん切りにしたチャービル、イタリアンパセリ、粉チーズ、牛乳、塩、ナツメグ、EXVオリーブオイルを加えて混ぜる。ブロッコリーの粗熱が取れたらさらに加えて混ぜ合わせる。**B**

5 フライパン（18cm）にオリーブオイルを入れて中火にかけ、4を流し入れる。

6 フライパンにあたっている部分の卵が固まってきたら弱火にして10分。火を止め、蓋をして5分置く。**②**

7 でき上がったらまな板の上に出し、食べやすい大きさに切って皿に盛り、イタリアンパセリ②を添える。

Herb & Spice method A

他の食材と馴染みやすくするためと、香りを立てるためにチャービルとイタリアンパセリは粗みじん切りにする。

Point ①

イタリア料理の場合、野菜はやわらかくゆでるのが基本。ブロッコリーはフォークで簡単に潰せるほどにする。

Herb & Spice method B

フリッタータの場合、ハーブも野菜として扱うので、他の食材としっかり混ぜ合わせる。ナツメグは深みのある風味付けをする。

Point ②

卵が固まってきたとき、混ぜてしまうと仕上がりが固くなる。なめらかな食感にするため、卵に火が通り過ぎないように注意する。

この料理の決め手は

ルッコラ

chef's method

ルッコラのサラダ

ルッコラの葉はやわらかく、ほのかにゴマのような香りがします。
辛味大根のような辛みが特徴の、サラダにピッタリなハーブです。

材料2人前

ルッコラ……50g
トマト……1/4個
クルミ……10g

【ドレッシング】
レモン汁……大さじ1
EXVオリーブオイル……大さじ2
塩……1.5g
白コショウ……ひとつまみ（約小さじ1/8）

作り方

1 ルッコラは茎を除き、適当な大きさに手でちぎる。Ⓐ
トマトは1cm角に切る。

2 フライパンにクルミを入れて弱火にかけ、軽く乾煎
りしてから冷ましておく。①

3 ボウルに、ドレッシングの材料を入れ、よく混ぜ合
わせる。Ⓑ

4 皿にルッコラを盛り、トマト、クルミをのせ、ドレッ
シングをかける。②

Herb & Spice method Ⓐ

ルッコラの繊維をなるべく壊さ
ないように、包丁などは使わ
ず手でちぎる。こうすることで
変色も防ぐことができる。

Point ①

クルミのサクサクした食感と風
味を最大限に引き出すには
乾煎りすること。油分が浮き
出て艶も良くなる。

Herb & Spice method Ⓑ

シンプルなドレッシングには、
香りは優しいがピリッと刺激
のある白コショウで味にアクセ
ントを付ける。

Point ②

ルッコラの葉はやわらかいので、ドレッシングと和えるとす
ぐにしんなりするため、食べる直前に上からかけるように
する。

この料理の決め手は

チャービル

chef's method

イタリアンサラダ

アンチョビ好きにはたまらない！ 新鮮な野菜をドレッシングでサッと和えるだけの、
シンプルな本格的イタリアンサラダ。

材料2人前

【ドレッシング】

ワインビネガー……大さじ1/2

フレンチマスタード……小さじ1

玉ねぎ（すりおろし）……大さじ1/2

ニンニク（すりおろし）……小さじ1/3

黒コショウ……少々

塩……少々

アンチョビ（フィレ）……1枚

ブラックオリーブ（スライス）……2個

EXVオリーブオイル……大さじ2

トマト……1/2個

ピーマン……1個

クリームチーズ……40g

プリーツレタス、グリーンカール

（レタスやサラダ菜などでもOK）……2〜3枚

バゲット……1/5本

チャービル（フレッシュ）……2枝

作り方

1 ドレッシングを作る。オリーブオイル以外の材料を
ミキサーへ入れて回し、アンチョビとブラックオリーブ
が細かく砕けたらボウルへ移す。Ⓐ

2 1のボウルにEXVオリーブオイルを糸状にたらし
ながら、泡立て器でよく混ぜ合わせる。①

3 トマトはへたを取って一口大に切り、ピーマンはへ
たと種を取り除いて幅5mmの輪切りにする。クリー
ムチーズは棒状に切る。プリーツレタス、グリーン
カールは食べやすい大きさに手でちぎる。

4 バゲットは水にさっと浸し、水気を絞って一口大に
ちぎる。②

5 ドレッシングの入ったボウルに野菜とクリームチー
ズ、バゲットを入れて混ぜ合わせる。

6 皿に盛り、チャービルをちらす。Ⓑ

Herb & Spice method Ⓐ

すりおろしニンニクは生のま
ま、黒コショウと一緒に加える
とドレッシングの風味をアップ
させる。

Point ①

EXVオリーブオイルをたらしながら勢いよく混ぜ合わせ
ると、水分（ビネガーなど）と油分が乳化（白っぽくなる）
し、マイルドな味になる。

Point ②

サラダにバゲットを入れる場合、焼いた状態のクルトンに
することが多いが、イタリアでは水に浸してしっとり食べ
やすくするのもポピュラー。

Herb & Spice method Ⓑ

チャービルは、マイルドでほん
のり甘い香りがあり、葉もやわ
らかいのでサラダとして食べ
るのには最適なハーブ。

この料理の決め手は

chef's method

オレガノ

トマトのファルチア

トマトとツナがベストマッチの逸品。
オレガノの香りで食べるトマトの詰め物は、ワインにも好相性です。

材料2人前

卵……1個

トマト……2個

ツナ……1/2缶(約35g)

アップルビネガー……小さじ1

マヨネーズ……小さじ1

塩……少々

オレガノ(ドライ)……小さじ1/3

作り方

1 鍋に卵とたっぷりの水を入れて強火にかけ、沸騰してから10分。硬めにゆで、① みじん切りにしておく。

2 トマトを湯むきする。へたを取り、尻側に十字の切り込みを入れ、沸騰した湯に入れて約20秒。湯から上げ、冷水につけて皮をむく。②

3 トマトを横に半分に切り、中の種を取り出してカップ状にする。③

4 詰め物を作る。ボウルにツナ、アップルビネガー、マヨネーズ、塩を入れて混ぜ、卵を加えてサッと混ぜ合わせる。

5 トマトに詰め物を入れて皿に盛り、オレガノをふる。Ⓐ

Point ①

卵を詰め物に使用するには硬めにゆでる。殻をむき、卵白と卵黄に分け、卵黄はボウルに入れてフォークなどで潰し、卵白は包丁でみじん切りにして合わせると良い。

Point ②

トマトの熟度により異なるが、十字に入れた切り込みが少し捲れるところで湯から上げる。

Point ③

トマトをカップ状にするために、種を取り出した後に残った果肉をスプーンなどで平らに押し付ける。

Herb&Spice method Ⓐ

香りの強いドライのオレガノを食べる直前にふりかけることで、香りを楽しみながら食べるサラダになる。

この料理の決め手は

**スイート
バジル**

chef's method

タコときゅうりの
イタリアンサラダ

イタリアンでは煮物料理に多く使われるタコを、
バジルと組み合わせて、さっぱりしたサラダに仕上げました。

材料2人前

【ドレッシング】
スイートバジル①（フレッシュ）……5枚
EXVオリーブオイル……20ml
レモン汁……1/4個分
フレンチマスタード……1.5g
ニンニク（すりおろし）……1.5g

ゆでタコの足……　1本
きゅうり……1本
塩……1.5g
黒コショウ……ひとつまみ（約小さじ1/8）
スイートバジル②（フレッシュ）……1枝

作り方

1 スイートバジル①は葉をちぎり、みじん切りにする。Ⓐ
2 ボウルにバジルとその他のドレッシングの材料を入れ、よく混ぜ合わせる。
3 タコは、さっと湯通しして水気を切り、食べやすい大きさに切る。①
4 きゅうりは、包丁の背で叩き、1.5cm程度に切る。②
5 ドレッシングの入ったボウルにタコときゅうりを入れ、混ぜ合わせ、塩で味をととのえ、黒コショウで風味を付ける。Ⓑ
6 皿に盛り、スイートバジル②を飾る。

Herb&Spice method Ⓐ

スイートバジルは、葉が傷みやすいので、水洗いすると黒く変色する恐れがある。よほど汚れていない限りは水で湿らせたペーパーなどで軽く拭く程度にする。

Point ①

ゆでタコを使用するため、湯通しするだけだが、タコが硬い場合は20分ほどゆでると良い。

Point ②

きゅうりは味をしみ込ませるため、軽く叩いて亀裂を入れる。麺棒などで叩いても良い。

Herb&Spice method Ⓑ

黒コショウは、仕上げに、または調理の最後に加えることで風味を付け、香り高くする。辛みよりは香りを引き立てたい場合に最適。

この料理の決め手は

セージ

chef's method

プロシュートの ロールサラダ

イタリアでは、生ハムやその他のハム類を主役ではなく、調味料として扱うことも。
このロールサラダも、春巻きの皮のようにして、プロシュートを使います。

材料2人前

卵……1個

ピクルス……40g

塩……少々

レモン汁……小さじ1

セージ（パウダー）……1.5g

EXVオリーブオイル……小さじ1

プロシュート（薄切り）……8枚

イタリアンパセリ（フレッシュ）……少々

レモン（くし形切り）……1/8個分

作り方

1 鍋に卵とたっぷりの水を入れて強火にかけ、沸騰してから10分。硬めにゆでる。①

2 中の具材を作る。ゆで卵とピクルスをみじん切りにしてボウルに入れ、塩、レモン汁、セージ、EXVオリーブオイルを加えて混ぜ合わせる。🅐

3 プロシュートを広げ、中央に具材を置いて巻く。②

4 皿に盛り、イタリアンパセリを飾り、🅑 レモンを添える。

Point ①

中に入れるピクルスはしっかり水気を切り、卵は硬ゆでにする。詰め物は少し硬めのほうが食べやすい。

Point ②

プロシュートで具材を巻く場合、広げたときに破けやすいので2枚重ねて巻いても良い。

Herb & Spice method 🅐

セージは、ドライも使いやすく、パウダーとホールがある。食材に直接かけるより、ドレッシングなどに加えると風味がマイルドになる。

Herb & Spice method 🅑

色鮮やかなイタリアンパセリは料理の色味にも欠かせない。上に飾るだけでも香り、最後に食べれば後口がさっぱりする。

ミネストローネ

野菜をたっぷり食べられるトマト系のスープとして有名なミネストローネ。
煮込む前に、じっくりと炒めることで野菜の旨みと甘みを引き出すことがポイントです。

材料2人前

ジャガイモ……1/2個
玉ねぎ……1/4個
にんじん……1/2本
ポワロー（長ねぎで
代用可）……1/4本
ズッキーニ……1/4本
セロリ……1/2本
ニンニク……1/2かけ
インゲン……5本
キャベツ……2枚
インゲン……40g
ほうれん草……1/4束
オリーブオイル
……大さじ2
塩……小さじ1

白コショウ……小さじ1/2
ローレル（ドライ）……1枚
トマト缶（カット）
……1/4缶（100g）
水……500ml
固形ブイヨン……1個
白インゲン豆の水煮
……40g
粉チーズ……大さじ1
EXVオリーブオイル
……小さじ2
**イタリアンパセリ
（フレッシュ）**……少々

作り方

1 ジャガイモは1.5cm角に切って、10分水にさらし、水を切る。玉ねぎ、にんじん、ポワロー、ズッキーニ、セロリは1.5cm角に切る。ニンニクはみじん切りに、インゲンは1.5cm幅に切る。キャベツは2cm角に切り、ほうれん草はゆでて4cmの長さに切る。①

2 鍋にオリーブオイルとニンニクを入れて弱火にかけ、香りが立ってきたら玉ねぎ、にんじん、ポワロー、ズッキーニ、セロリ、インゲン、キャベツを加えて軽く混ぜる。塩、白コショウをふり、Ⓐ ローレルを半分にちぎって加え、Ⓑ 焦げないように混ぜながら20分ほど炒める。Ⓒ

3 ジャガイモを加え、さらに10分ほど炒める。

4 トマト缶、水、固形ブイヨンを加えて混ぜ、焦げないように混ぜながら弱火で1時間ほど煮る。
※途中で水分が少なくなったら水400mlほど（分量外）を加え、つねに具がひたひたの状態を保ちながら煮込む。

5 白インゲン豆、ほうれん草を加えてさらに5分ほど煮る。器に盛り、粉チーズ、EXVオリーブオイルをかけ、イタリアンパセリをのせる。

Point ①

野菜はみじん切りより大きめに、大きさを揃えて切ることで、野菜本来の味を感じることができるので、よけいな調味料は必要なし。

Herb & Spice method Ⓐ

白コショウは、野菜を炒めるときに加えると、素材の味を引き立て、ピリッとした爽やかな辛みで料理全体を引き締める。

Herb & Spice method Ⓑ

ローレルは、煮込み料理に欠かせない存在。葉のしっかりしたドライを使用する。もむかちぎることでその香りを出し、効果を発揮する。

Herb & Spice method Ⓒ

ローレルは、香り付けのほかに、素材の臭みを取る役割もある。野菜と一緒にじっくり炒めることで臭みを取り、野菜の旨みを引き出す。

この料理の決め手は

ローズマリー

chef's method

リポリータ

たくさんの野菜とバゲットが入る、これだけでお腹いっぱいになる、
栄養たっぷりなトスカーナ地方の代表的なスープです。

材料2人前

玉ねぎ……1/4個
セロリ……1/4本
にんじん……1/6本
ジャガイモ……1/2個
ズッキーニ……1/6本
キャベツ……1枚
カリフラワー……1/6房
マッシュルーム……2個
白インゲン豆の水煮……1/2缶（200g）
バゲット
（2cmほどの厚さにカットしたもの）……3枚
オリーブオイル……大さじ1
ほうれん草……1本
水……500ml
塩……小さじ1
白コショウ……小さじ1/2
粉チーズ①……大さじ1
ローズマリー（フレッシュ）……1枝
粉チーズ②……少々

作り方

1 玉ねぎ、セロリはみじん切り、にんじん、ジャガイモ、ズッキーニ、キャベツ、カリフラワーは、一口大に切る。マッシュルームは薄切りにする。①

2 白インゲン豆は軽く水洗いして水を切る。

3 バゲットは、2cm角に切る。

4 鍋にオリーブオイルと玉ねぎ、セロリを入れて中火にかけて炒める。

5 玉ねぎが透き通ってきたら、1の残りの野菜を入れて10分ほど炒める。

6 ほうれん草を4等分に切って加える。水を入れ、沸騰したら弱火にして30分ほど煮る。

7 白インゲン豆とバゲットを入れ、さらに1時間ほど煮込み、② 塩、白コショウ、粉チーズ①で味をととのえる。**Ⓐ**

8 火から下ろし、ローズマリーを入れる。皿に盛り、粉チーズ②をふる。**Ⓑ**

Point ①

9種類の野菜と豆、パンを一度に食べることができるスープでは、野菜はみじん切り、または小さめに切ると食べやすい。

Point ②

野菜がとろけ、旨みがスープにしみ込むように1時間以上煮込む。煮込み中に水気が足りなくなったら水を200mlほど足すと良い。

Herb & Spice method Ⓐ

素材の味を楽しむ、シンプルな味付けのアクセントには、ピリッと辛い白コショウがおすすめ。少量でも味が締まる。

Herb & Spice method Ⓑ

ローズマリーの香りは強いので、ほんのり香りを楽しむためには、火を止めてから加えると良い。

この料理の決め手は

セロリーソルト

chef's method

ズッパ
ディレグーミ

乾燥ポルチーニ茸の風味とたくさんの野菜が魅力的な栄養たっぷりの、
イタリアの豆のスープです。

材料2人前

ニンニク……1かけ

玉ねぎ……1/2個

セロリ……20g

にんじん……1/4本

ベーコン……12g

ジャガイモ……1/2個

ぬるま湯（ポルチーニ茸の戻し用）……150ml

乾燥ポルチーニ茸……8g

オリーブオイル……大さじ1

塩……3g

白コショウ……1g

水煮の豆ミックス……80g（水気をきる）

水……400ml

トマト缶（カット）……80g

セロリーソルト……ひとつまみ（約0.5g）

イタリアンパセリ（フレッシュ）……小さじ1

EXVオリーブオイル……大さじ1

作り方

1 ニンニクを縦に半分に切り、芯を取り除いてみじん切りにする。

2 玉ねぎ、セロリ、にんじん、ベーコンはみじん切り、ジャガイモは1cmほどの角切りにする。

3 ぬるま湯の入った器に乾燥ポルチーニ茸を入れて戻す。①

4 鍋にオリーブオイルとニンニクを入れて弱火にかける。ニンニクの香りが立ってきたらベーコンを加えて炒める。A

5 ベーコンから脂が出てきたら中火にし、**2**の残りの野菜を入れて炒める。野菜全体に火が通ったら、塩、白コショウを加える。B

6 さらに水煮の豆ミックスと水を入れて煮込み、**3**の戻したポルチーニ茸をみじん切りにして戻し汁と一緒に加える。

7 トマト缶をミキサーなどでペースト状にして加え、沸騰したら弱火にし、セロリーソルトを入れ、20分煮る。C

8 器にスープを盛り、イタリアンパセリをふり、EXVオリーブオイルを回しかける。

Point ①

乾燥ポルチーニ茸は戻し汁に香りと旨みがしみ出るので、必ず一緒に入れること。スープが一段とおいしくなる。

Herb&Spice method A

ニンニクは通常、生を使用するが、ドライニンニクを使用する場合、お湯少々に漬けて戻してからみじん切りにすると良い。

Herb&Spice method B

独特の風味が味わい深い乾燥ポルチーニ茸は、白コショウをプラスすることでより香りがアップし、おいしくなる。

Herb&Spice method C

セロリーソルトとは、セロリシードと塩をブレンドしたもので、風味豊かでスープに最適な調味料。加えるだけでダシを入れたような味になる。

この料理の決め手は
タイム
chef's method

鯛のアクアパッツァ

魚介類をトマトやオリーブと一緒に煮込んだ南イタリアの郷土料理。
ここでは鯛を丸ごと1尾使い、豪快なごちそうにしました。

材料2人前

鯛（未処理で800g程度）……小1尾

塩①（下処理用）……50g

有頭海老……大2尾

ニンニク……1かけ

アスパラ……2本

オリーブオイル……大さじ3

あさり（砂抜きしたもの）……10個

白ワイン……100ml

タイム（フレッシュ）……4枝

ミニトマト……5個

水……200ml

塩②……小さじ1

白コショウ……ふたつまみ（約小さじ1/5）

レモン（薄い輪切り）……1/2個分

イタリアンパセリ（フレッシュ）……4枝

※あさりの砂抜き方法はP33参照。

作り方

1 鯛は鱗、内臓を取り、下処理用の塩①を全体に塗り、15分常温で放置して余分な水分を出す。

2 有頭海老は頭と殻を付けたまま背ワタを取る。

3 ニンニクを縦に半分に切り、芯を取り除いてみじん切りにする。アスパラは横に4等分に切る。

4 フライパンにオリーブオイルとニンニクを入れて弱火にかけ、<u>ニンニクの香りが立ってきたら、鯛を入れて焼く。</u>Ⓐ

5 焼き色が付いたらひっくり返し、有頭海老とあさりを入れる。<u>白ワインを回しかけ、タイムを入れて蓋をし、弱い中火にして15分蒸す。</u>Ⓑ

6 蓋を開け、アスパラ、ミニトマト、水を入れる。再度蓋をして中火にして10分蒸す。①

7 塩②、白コショウを加えて火を止める。

8 器に盛り、<u>レモンを添え、イタリアンパセリをのせる。</u>Ⓒ

Herb & Spice method Ⓐ

弱火でじっくりオリーブオイルにニンニクの香りを移す。そのオイルで焼く鯛は、さらに香ばしくなる。

Herb & Spice method Ⓑ

タイムは魚と相性の良いハーブ。香り付けはもちろん、魚特有の生臭さを消してくれるので、アクアパッツァには最適。

Point ①

魚介類と野菜を白ワインと水で蒸すことで、旨みが凝縮する。鯛の大きさにもよるが、焦げが心配な場合は弱い中火で煮ると良い。

Herb & Spice method Ⓒ

仕上げにイタリアンパセリを大きめにちぎってのせる。料理の湯気でハーブの香りが引き立ち、ゴージャスに見える。

この料理の決め手は

ローズマリー

chef's method

シチリア風 カジキマグロのグリル

カジキマグロが多く獲れることで有名なシチリアの家庭料理。
ハーブの香りが決め手の、シンプルな味付けです。

材料2人前

カジキマグロ（切身）……2枚
塩……7g
白コショウ……3g
オリーブオイル……小さじ1
レモン（くし形切り）……1/8個分
ローズマリー（フレッシュ）……1枝

作り方

1 カジキマグロを冷蔵庫から出し、常温で10分ほど置く。①

2 カジキマグロに塩、白コショウをふる。Ⓐ

3 フライパンにオリーブオイルを入れて中火にかけ、カジキマグロを両面こんがり焼く。②

4 皿に盛り、1/8個分にくし形切りにしたレモンとローズマリーを添える。Ⓑ

Potnt ①

カジキマグロは冷蔵庫から出してすぐは、身が硬直して味が入らないため、常温に置くと良い。

Herb & Spice method Ⓐ

常温に10分ほど（季節による）置くと身がやわらかくなる。生臭くならないように、必ずドリップ（汁）をふき取ってから塩と白コショウをふる。

Point ②

魚は火の通りが早いので、弱火でじっくり焼くと固くなる。中火で早く焦げ目を付けて焼くとやわらかくジューシーに仕上がる。

Herb & Spice method Ⓑ

カジキマグロの味を楽しむシンプルな料理には、ほんのり香る程度に、ローズマリーはあえて盛り付けるときに添える。

この料理の決め手は

ローズマリー　タイム

chef's method

さわらの香草焼き

2種類のドライハーブが織りなす風味と白コショウの辛み。
マリネすることで、さわらのおいしさをアップさせます。

材料2人前

さわら（切身）……約200g

ニンニク……1/2かけ

塩……3g

白コショウ……少々

ローズマリー（パウダー）……3g

タイム（パウダー）……3g

オリーブオイル①……大さじ1

大根の葉……2本

ミニトマト……3個

イタリアンパセリ（フレッシュ）……1枝

オリーブオイル②……小さじ2

無塩バター……10g

作り方

1 さわらを冷蔵庫から出し、常温で10分ほど置く。

2 ニンニクは薄切りにする。

3 さわらに塩、白コショウし、ローズマリー、タイムをまぶす。Ⓐ

4 ニンニクをのせ、密閉できる袋に入れたらオリーブオイル①を加えて、冷蔵庫で1時間マリネする。Ⓑ

5 大根の葉は1cmくらいに、ミニトマトは横半分に切る。イタリアンパセリは粗みじん切りにする。

6 フライパンにオリーブオイル②を入れて中火にかけ、大根の葉を炒める。

7 別のフライパンにさわらをマリネ液ごと入れ、中火で表面がカリッとするように両面焼く。Ⓒ

8 7に無塩バターとミニトマトを入れて1分ほど焼き、全体にバターを絡める。①

9 皿に大根の葉を敷き、その上にさわらをのせる。周りにミニトマトを置き、イタリアンパセリをふる。

Herb & Spice method Ⓐ

ローズマリーとタイムは香りの
強いドライを使用。さわらが
ハーブの風味に包まれ、生臭
さが消えておいしくなる。

Herb & Spice method Ⓑ

ニンニクとオリーブオイル、
ハーブでマリネすると魚の身
がしっとりしてやわらかくなり、
味もしみ込みやすくなる。

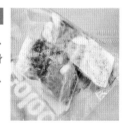

Herb & Spice method Ⓒ

ニンニクの香りがさわらに移
り、香ばしく焼き上がる。最
初は皮目から焼き、裏返して
身もこんがりと焼く。

Point ①

さらに風味をアップさせるために無塩バターを加えて、魚
とトマトに絡ませる。有塩バターしかない場合はさわらに
ふる塩を少なくすると良い。

この料理の決め手は

タイム

chef's method

ズッパディペッシュ

ナポリ近郊で獲れる魚介類を使った、漁師のごった煮。
トマトと白ワイン、タイムが香る海の幸が満載の料理です。

材料2人前

カジキマグロ(切身)……80g

タラ(切身)……80g

あさり(砂抜きしたもの)……80g

ムール貝……100g

イカ……80g

有頭海老……2尾

玉ねぎ……1/8個

ニンニク……1かけ

オリーブオイル……大さじ1

白ワイン……100ml

トマト缶(カット)……1/2缶

水……200ml

タイム①(フレッシュ)……3枝

塩……少々

タイム②(フレッシュ)……2枝

バゲット……適量(軽く焼く)

※あさりの砂抜き方法はP33参照。

作り方

1 カジキマグロとタラは、一口大にカットする。

2 あさりとムール貝はよく洗う。イカはワタと骨を取り、食べやすい大きさに切る。有頭海老は、頭と尾を残して殻を取り除き、背ワタを抜く。

3 玉ねぎは薄切りに、ニンニクはみじん切りにする。

4 鍋にオリーブオイルとニンニクを入れて弱火にかけ、香りが立ってきたら玉ねぎを入れ、中火にして透明になるまで炒める。Ⓐ

5 白ワインを加え、ひと煮立ちさせてアルコール分が飛んだらトマト缶を入れる。

6 5に海老→イカ→あさり→ムール貝の順に入れ、水を加えて蓋をする。①

7 3分ほど蒸し、あさりが口を開いたら、具材を全て取り出す。

8 7のフライパンに1の魚を入れ、火が入ったら取り出した具材を全て戻し入れる。②

9 タイム①を加えてひと煮立ちしたら、弱火にして15分煮込み、塩で味をととのえる。Ⓑ

10 皿に盛り、タイム②をのせ、バゲットを添える。

Herb & Spice method Ⓐ

フライパンにオリーブオイルとニンニクを入れてから弱火にかける。熱したフライパンにニンニクを入れるとすぐに焦げて苦みが出るので注意。

Point ①

魚介類は火が通りにくいものから順番に入れる。トマト缶を入れ、平らに均した上に重ならないように置く。

Point ②

カジキマグロとタラは火が通りやすく、パサパサになりやすいので他の魚介類とは別に火を入れる。

Herb & Spice method Ⓑ

仕上げの香り付けにタイムを加える。ひと煮立ちして香りが広がったら弱火にして煮込むのがポイント。

この料理の決め手は

イタリアンパセリ

chef's method

ミラノ風コトレッタ

香り高いイタリアンパセリを衣に入れた、ミラノ風のカツレツ。
イタリアでは、やわらかい仔牛の肉を叩いて薄くしますが、
厚めの赤身の牛肉（フィレやもも肉）でもおいしく作れます。

材料2人前

バゲット（硬くなったもの）……1/4本
イタリアンパセリ①（フレッシュ）……4枝
イタリアンパセリ②（フレッシュ）……1枝
仔牛肉（または牛フィレ肉）……160g
塩……小さじ1
白コショウ……小さじ1/4
粉チーズ……大さじ3
小麦粉……50g
卵（溶く）……1個
揚げ油（オリーブオイル50ml＋サラダオイル50ml）
……100ml
無塩バター（溶かす）……15g
レモン汁……1/2個分
レモン（くし形切り）……1/6個分

作り方

1 バゲットをフードプロセッサーに入れて回し、細かいパン粉にする。
2 イタリアンパセリ①、②をみじん切りにし、**1**のパン粉と合わせる。Ⓐ
3 仔牛肉をまな板に置き、上からラップをかけて肉叩きで5〜8mmくらいの厚さに伸ばす。①
4 ラップを外し、塩、白コショウ、粉チーズをふりかける。
5 小麦粉をまぶし、卵にくぐらせ、**2**のパン粉を付け、170℃に温めた揚げ油でこんがり揚げる。Ⓑ
6 皿に盛り、溶かしバターとレモン汁をかける。レモンを添え、イタリアンパセリ②をふる。Ⓒ

Herb & Spice method Ⓐ

みじん切りのイタリアンパセリを混ぜ合わせるだけで香草パン粉ができあがる。バゲットがない場合、市販のパン粉に混ぜても良い。

Point ①

力を入れ過ぎると肉がちぎれてしまうので気を付ける。ラップをかけると肉叩きも汚れず均等に薄くなる。肉叩きがない場合は麺棒などでもOK。

Herb & Spice method Ⓑ

香草パン粉は油で揚げる、焼くなど、加熱することで風味がアップする。肉以外に、魚や野菜のフライにしても香ばしくておいしい。

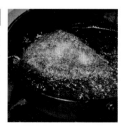

Herb & Spice method Ⓒ

溶かしバターとレモン汁の風味に、イタリアンパセリの香りとほろ苦さが合わさり、高級店さながらの味になる。

この料理の決め手は

ニンニク

chef's method

ポークソテー プッタネスカ

オリーブやケイパーの入った、ニンニクが効いたポークソテーです。
なんとも複雑で絶妙な味わいですが、作り方はシンプル。

材料2人前

豚肉（肩ロース切身）……2枚（約300g）

塩……小さじ1

白コショウ……小さじ1/4

小麦粉……大さじ4

ニンニク……1/2かけ

イタリアンパセリ（フレッシュ）……1枝

オリーブオイル……大さじ4

白ワイン①……30ml

ブラックオリーブ（スライス）……8粒分

ケイパー……15g

トマト缶（ホール）……1/2缶

塩（ソース用）……小さじ2

白ワイン②……50ml

EXVオリーブオイル……小さじ2

作り方

1 豚肉をまな板に置き、上からラップをかけて肉叩きで8mmくらいの厚さに伸ばし、塩、白コショウ、小麦粉をまぶす。

2 ニンニク、イタリアンパセリはみじん切りにする。

3 フライパンにオリーブオイルとニンニクを入れて弱火にかけ、香りが立ってきたら豚肉を入れてキツネ色になるまで両面こんがりと焼く。Ⓐ

4 焦げ目が付いたら白ワイン①を加えて中火にし、沸騰させてアルコールを飛ばす。①

5 ブラックオリーブ、ケイパー、トマト缶、塩を加える。②

6 ひと煮立ちしたら白ワイン②を入れ、トマトを木べらで潰しながら、弱火にして20分煮込む。

7 火を止め、EXVオリーブオイルを回しかける。皿に盛り、イタリアンパセリをふる。Ⓑ

Herb & Spice method Ⓐ

ニンニクと一緒に豚肉を焼く場合、火を強くするとニンニクが焦げて苦みが出るので弱火でじっくり焼くようにする。

Point ①

白ワインは肉の臭みを取ってくれるので欠かせない。白ワインを加えてから中火にして沸騰させるのがポイント。

Point ②

この料理に欠かせないのがトマト缶。旬の季節に収穫し、熟した状態で缶詰にするので、生のトマトより濃厚で旨みも強い。

Herb & Spice method Ⓑ

トマトソースを使った料理の盛り付けには緑が鮮やかなイタリアンパセリが最適。みずみずしい香りが料理を引き立てる。

この料理の決め手は
ローズマリー
chef's method

ローズマリー風味の ポルペッティー

「ポルペッティー」とは北イタリアの家庭料理で、ローズマリーが香る
スッキリとした風味のミートボール。フレッシュなレモンを絞っていただきます。

材料2人前

パン粉……40g
牛乳……40ml
牛もも肉（ブロック）……200g
粉チーズ……50g
ナツメグ……5g
ローズマリー（パウダー）……小さじ1
卵……1個
サラダ油……大さじ1
小麦粉……大さじ4
オリーブオイル……大さじ2
レモン（くし形切り）……1/8個分
イタリアンパセリ（フレッシュ）……1枝

作り方

1　パン粉をフードプロセッサーに入れて回し、細かくなったら牛乳を加える。
2　さらに牛もも肉、粉チーズ、ナツメグ、A ローズマリー、B 卵を入れて、肉がひき肉状になり粘りが出るまで回しこねる。
3　手にサラダ油を薄く付け、2を5等分にして手のひらに取り、丸めて小判型のミートボールを作る。①
4　ミートボールに小麦粉をまぶす。
5　フライパンにオリーブオイルを入れて弱火にかけ、ミートボールをじっくり火が通るまで焼く。②
6　皿に盛り、レモンとイタリアンパセリを添える。

Herb & Spice method A

肉の臭みを消す効果が高いナツメグは、ミートボールやハンバーグなどのひき肉料理には欠かせないスパイス。

Herb & Spice method B

香りの主役ともいえるローズマリー。この料理には、スッキリとした爽やかな香りが強いドライのパウダータイプのローズマリーが合う。

Point ①

粘りが出るまでこねた肉は手のひらにくっつきやすいので、必ず手にサラダ油を薄く付けてから成形する。

Point ②

牛肉100%で作るので少々レアでもおいしいが、ハーブの香りを引き出すには弱火のまま、じっくり中まで火を通すように焼くと良い。

この料理の決め手は

ローレル

chef's method

牛肉の スペッツァティーノ

「スペッツァティーノ」とは、イタリアでは角切りを意味します。牛肉をたっぷり使用する煮込み料理では、臭い消しの役目も果たすローレルが欠かせません。

材料2人前

仔牛肉（または牛もも肉）……300g

塩①……3g

白コショウ……1g

薄力粉……大さじ2

玉ねぎ……1/4個

にんじん……1/2本

セロリ……1/4本

ニンニク……1/2かけ

オリーブオイル……大さじ2

白ワイン……100ml

ローレル（ドライ）……1枚

トマト缶（カット）……1缶

塩②……小さじ1

イタリアンパセリ（フレッシュ）……2枝

作り方

1 仔牛肉を一口大に切り、塩①、白コショウをしてから、薄力粉を絡めておく。Ⓐ

2 玉ねぎ、にんじん、セロリはみじん切り、ニンニクは縦に半分にして包丁の背で叩く。

3 フライパンにオリーブオイルとニンニクを入れて弱火にかけ、香りが立ってきたら2の残りの野菜を入れ、中火にして炒める。Ⓑ

4 野菜がしんなりしてきたら、1を加えて炒める。①

5 肉の表面に焦げ目が付いてきたら白ワインを入れてアルコールを飛ばす。

6 ローレルを半分にちぎって加え、トマト缶と塩②を入れ、弱火にして40分ほど煮込む。Ⓒ

7 皿に盛り、みじん切りにしたイタリアンパセリをふる。

Herb & Spice method Ⓐ

仔牛肉にしっかり下味を付けてから薄力粉をまぶす。白コショウはピリッとした刺激を料理に加えて、全体を引き締める。

Herb & Spice method Ⓑ

ニンニクの香りを引き出すまでは必ず弱火で。野菜を加えてから中火にして炒める。

Point ①

中火のまま仔牛肉を入れて炒める。表面に薄力粉が付いているので炒めているうちに野菜がもったりしてくるが、そのまま焦げ目を付ける。

Herb & Spice method Ⓒ

肉の臭みを和らげ、香りを付けるにはドライのローレルが最適。長時間入れたままにすると苦みが出るので煮込み終わったら取り出すようにする。

この料理の決め手は

バニラ
ビーンズ

chef's method

パンナコッタ

卵を使わないクリーミーでバニラの香る、イタリアンの濃厚プリンです。
「パンナ」は生クリーム、「コッタ」は煮る、を意味します。

材料2人前

水……大さじ2
粉ゼラチン……5g
バニラビーンズ……2cm
牛乳……100ml
グラニュー糖……大さじ1と1/2
生クリーム……100ml
プレーンヨーグルト……大さじ1
ペパーミント（フレッシュ）……2枝
ジャム、ソースなど……お好みで

作り方

1 水を入れた容器に粉ゼラチンをふり入れてふやかす。①
2 バニラビーンズは縦に半分に切れ目を入れる。Ⓐ
3 鍋に牛乳、グラニュー糖、バニラビーンズを入れ、弱めの中火にかける。沸騰させないように注意しながらグラニュー糖を溶かし、火を止める。Ⓑ
4 3にふやかしたゼラチンを加えてよく混ぜる。
5 底を氷水に当てたボウルに、4をザルなどで濾しながら流し入れて冷ます。②
6 粗熱が取れたら生クリーム、プレーンヨーグルトを加えて混ぜ合わせる。
7 とろみがついてきたら、水で濡らしたプリンカップやグラスなどに流し入れ、冷蔵庫で冷やし固める。
8 皿に盛ってペパーミントを飾り、好みでジャムやソースを添える。

Point ①

粉ゼラチンをふやかす場合、ゼラチンに水を加えるとダマになるので、必ず水にゼラチンを加えること。

Herb & Spice method Ⓐ

バニラビーンズはさやの中に甘い香りの元となる、ねっとりした粒が入っている。縦に切ることで香りの出が良くなる。

Herb & Spice method Ⓑ

バニラビーンズ自体に甘みはないが、縦に切ったバニラビーンズを牛乳と一緒に加熱すると、牛乳にバニラの甘い香りが移る。

Point ②

冷やし固めるデザートを作るとき、裏ごしするとなめらかな舌触りになるので、このひと手間は必ず行うこと。

この料理の決め手は

スペアミント

chef's method

ティラミス

コーヒー風味のスポンジケーキをマスカルポーネチーズのクリームでサンドした
イタリアを代表するデザート。清涼感あふれるミントが、食事を締めくくります。

材料2人前

インスタントコーヒー……大さじ1

熱湯……大さじ3

ビスケット……8枚

卵黄……1個分

グラニュー糖①……10g

マスカルポーネチーズ……220g

卵白……1個分

グラニュー糖②……20g

レモン汁……小さじ1

ココアパウダー……大さじ1

スペアミント（フレッシュ）……2枝

作り方

1 インスタントコーヒーを熱湯で溶いておく。

2 器にビスケットの半量を大きめに割って敷き詰め、1を半量かけしみ込ませる。

3 残りのビスケットは別の容器などに入れ、残りの1をかけてしみ込ませておく。

4 ボウルに卵黄、グラニュー糖①を入れ、泡立て器で混ぜながら湯煎にかけて人肌まで温める。①

5 人肌程度になったら湯煎から外し、マスカルポーネチーズを加えてよく混ぜ合わせる。

6 別のボウルに卵白を入れ、ハンドミキサーなどで泡立てる。卵白が白っぽくなってきたらグラニュー糖②を加え、角が立つまでしっかり泡立てる。②

7 卵白の入ったボウルに5を2回に分けて入れ、レモン汁を加え、その都度ハンドミキサーでよく混ぜ合わせる。

8 2の上に7の半量を流し込み、その上に3をのせ、上に残りの7を流し込む。③

9 表面にココアパウダーを茶こしなどでふり、冷蔵庫で1時間冷やす。

10 スプーンですくって皿に盛り、スペアミントを飾る。Ⓐ

Point ①

湯煎にかける場合、沸騰したお湯だと卵黄が固まってしまうので、手を入れられる30〜40℃くらいの湯煎にかける。

Point ②

卵白を泡立てる場合、グラニュー糖は最初から入れず、卵白が白っぽくなりふわっとしてきたら加えるようにすると角が立ちやすい。

Point ③

コーヒーのしみ込んだビスケットはやわらかくペースト状になっているので、チーズベースの生地はそっと入れるようにする。

Herb & Spice method Ⓐ

デザートの飾りには欠かせないスペアミント。すっきりと清涼感ある香りが食事を締めくくるデザートにふさわしい。

國光博敏

1959年9月18日生まれ。青山学院大学理工学部卒業。

ソシエテミクニ入社後、フランス料理を中心に調理を担当し、フジテレビ「料理の鉄人」に出演。その後、株式会社オンワード樫山にて研修センターVIPルーム洋食責任者。アルマーニ リストランテ銀座での調理を経験。また、東京プリンスホテル・軽井沢プリンスホテルのボーセジュール（フランス料理店）にてシェフを歴任。

フランス料理とイタリア料理の両面から素材を大切にする洋食という観点で調理を続け、平成27年に『食育「ちゅうぼう」調理人』として起業。

参考書籍
『ハーブとスパイスの図鑑』監修：エスビー食品株式会社／藤沢セリカ

エスビー食品株式会社
https://www.sbfoods.co.jp/
1923年創業。「食卓に、自然としあわせを。」を企業理念として、カレーやコショー、フレッシュハーブなど、日本の家庭に新しいおいしさを提供し続けてきたリーディングカンパニー。WEBサイトなどを中心に、スパイス&ハーブの魅力と、暮らしに役立つ情報の発信を続けているほか、スパイスとハーブの幅広い知識や経験を身に付けた「スパイス&ハーブマスター」という社内資格をもつ社員を有す。

STAFF

アートディレクター
楯まさみ（Side）

デザイン
柴田篤元

写真
大木慎太郎

スタイリング
SouthPoint

企画・編集
成田すず江、藤沢セリカ（株式会社テンカウント）
成田泉（有限会社LAP）

編集
伏嶋夏希（株式会社マイナビ出版）

校正
株式会社鷗来堂

撮影協力
エスビー食品株式会社
かながわハーブナーセリー
UTUWA

ハーブ＆スパイスメソッド
【イタリア料理編】

2020年8月30日　初版第1刷発行

著　者	國光博敏
発行者	滝口直樹
発行所	株式会社マイナビ出版
	〒101-0003
	東京都千代田区一ツ橋2-6-3　一ツ橋ビル2F
電話	0480-38-6872（注文専用ダイヤル）
	03-3556-2731（販売部）
	03-3556-2735（編集部）
E-mail	pc-books@mynavi.jp
URL	https://book.mynavi.jp
印刷・製本	シナノ印刷株式会社